Steine, Mineralien und Kristalle sammeln

freizeit
ht

Das Rüstzeug, mit dem wir Mineraliensammler an die Arbeit gehen: Steinschlaghelm und stabiles Gerät.

Steine, Mineralien und Kristalle sammeln

Von Hans-Jürgen Winkler

Humboldt-Taschenbuchverlag

humboldt-taschenbuch 280
Umschlag: Hans-Jürgen Winkler
Text-Fotos: Architekt Franz Hau, Offenbach/Main
Zeichnungen: Hans-Joachim Larghi, Jüchen/Rhld.

Für sämtliche im Buch enthaltenen Angaben von
Fundgebieten und Fundorten besteht keine Gewähr.

© 1976 by Humboldt-Taschenbuchverlag, Jacobi KG, München
Druck: Ebner, Ulm
Printed in Germany
ISBN 3-581-66280-9

2 3 4 5 * 7 9 8 7

Inhalt

Weit mehr als ein Hobby...

Die Erde, auf der wir leben, ist eine rund gebaute, riesige Schatzkammer. Sie ist im wahrsten Sinne des Wortes »steinreich« und birgt im Bereich ihres Mantels eine Vielzahl wunderschöner Mineralien und Kristalle. Dicht vor den Toren dieser schimmernden Schatzkammer daheim ist uns die Chance geboten, selber an der Formen- und Farbenpracht teilzuhaben, selbst nach hübschen Mineralien zu suchen, sie zu finden, sie zu sammeln. Und es kann nur eine Frage der Zeit sein, bis wir eine eigene kleine Schatzkammer besitzen – Abbild des unermeßlichen Reichtums der Erde im bescheidenen Minimaßstab.

Das Sammeln von Mineralien, ernsthaft betrieben, ist weit mehr als ein Hobby, ein Steckenpferd, eine Liebhaberei. Sobald die erste holprige Wegstrecke des Beginnens bewältigt ist, wird das Sammeln zu einer wahren Leidenschaft, zu einer beglückenden Passion, der fortan die meiste freie Zeit gehört. Und dann, eines Tages, wenn man nicht mehr sanft belächelt und im Kreis der Gleichgesinnten schon für voll genommen wird, mausert sich der Anfänger sehr schnell zum Fortgeschrittenen.

Von diesem Punkt an, von der Schwelle zur »Mittelstufe«, folgt der Mineraliensammler einem festeren, klareren Kurs: Er geizt mit seinen privaten Stunden, liest und lernt, macht zusammen mit Freunden kleine und größere Exkursionen, tauscht, studiert genauestens jede Neuerwerbung und stockt laufend seine Sammlung auf. Nicht zu vergessen die Gewinne in anderer Beziehung: Vertiefung der wertvollen menschlichen Kontakte. Ausbau von Verbindungen, die der Sache des Sammelns und des erweiterten Überblicks dienen. Gesundheitliche Stärkung beim Schaffen in der freien Natur. Gruppenreisen in ferne Länder. Und so fort.

Jeder Mensch ist anders. Auch der einzelne Mineraliensammler denkt und handelt auf seine Art, plant nach eigener, individueller Vorstellung. Dennoch – wenn wir anhand langjähriger Erfahrungen und Beobachtungen eine Quersumme ziehen – schält sich für die Praxis des Fortgeschrittenen eine weithin gültige Leitformel heraus. Sie lautet etwa so: Zeit + zäher Fleiß + Geduld + Glauben an das Glück = wachsendes Wissen + höheres Können + stetig gesteigerter Sammelbesitz.

Der Geist, die innere Einstellung, nach der die genannte Formel in die Tat umgesetzt werden kann, spricht aus zwei Briefen, die der Privatforscher Goethe vor zwei Jahrhunderten an Frau von Stein geschrieben hat. Wörtlich ist da zu lesen:

»Jetzt leb' ich mit Leib und Seel' in Stein und Bergen und bin sehr vergnügt über die weiteren Aussichten, die sich mir auftun. Die Welt kriegt mir ein neu ungeheuer Ansehen.«

»Wir sind auf die hohen Gipfel gestiegen, in die Tiefen der Erde eingekrochen und möchten gar zu gern der großen formenden Hand nächste Spuren entdecken. Wir haben recht schöne Sachen gefunden, die der Seele einen Schwung geben und sie in der Wahrheit ausweiten.«

Die vorliegende Arbeit richtet sich in erster Linie an die Anfänger, wendet sich an den Amateurnachwuchs ohne Profi- und Profitpläne. Sie stellt insofern das Informative, Sachliche, Praktische in den Vordergrund, ohne indessen das Wichtigste, Wesentlichste an elementarer Kenntnis außer acht zu lassen.

Das Buch will Beitrag sein zu dem Bemühen, die Liebe zu schönen Mineralien und Kristallen überall dort zu wecken, wo bislang erst eine kleine, noch kaum bewußte Sympathie schlummert.

Autor und Verlag

I. Der praktische Beginn

Tag für Tag, auf all unseren Wegen, begegnen wir Steinen. Drinnen in der Stadt, im Dorf, sehen uns diese Steine mit glatten, von Menschen und Maschinen sauber hergerichteten Flächen an. Mal stumpf und ohne Strahlung, grau in grau, mal auch schimmernd, farbig und bunt, im Sonnenlicht spiegelnd. Nicht anders die Eindrücke dort draußen in der freien Natur: Steine und Steine, die stumm sind, die uns fremd bleiben.

Wir sind daran gewöhnt, auf Steinen zu gehen, sie an Gebäuden zu sehen, ihr Dasein lediglich zur Kenntnis zu nehmen. Und wann schon machen wir uns Gedanken darüber, woher dieses feste, widerstandsfähige und vielgestaltige Material eigentlich herkommt? Dabei lohnt es sich sehr, die Phantasie zu bemühen und die Wahrheit zu erkennen: So leblos und starr die Steine erscheinen – sie haben alle ihren lebendigen, erklärbaren Ursprung. Sie haben in ihrem Bau, in ihrer Zusammensetzung ganz bestimmte, seit langem erforschte Gesetzmäßigkeiten. Und sie sind keinesfalls nur nutzenbringende, ansonsten nichtssagende Objekte im Schatten unseres Lebens.

Oder sollten gar die Tausende, Abertausende von jungen und schon älteren Menschen, die heute mit Freude und Feuereifer schöne Steine sammeln, schrullige Spinner und Querköpfe sein ...?

Ein uraltes Sprichwort sagt, daß aller Anfang schwer ist. Nun, im Falle des Steinesammelns sagt der gesunde Menschenverstand genau das Gegenteil: Der Beginn ist leicht, spielend leicht; denn der Anfänger hat noch keine hochgeschraubten Erwartungen, tappt ohne jede fachliche Kenntnis umher, gebraucht nur die Augen und baut auf das Glück. Wo immer der erste, gedankliche Anstoß erfolgt sein mag – vor den Schaufenstern einer

Mineralienhandlung, beim zufälligen Kennenlernen einer Privatsammlung oder in den Sommerferien, beim Beobachten einer Gruppe von »Steineklopfern« mit Hämmern und Meißeln und Brechstangen –, die praktische Anleitung, die Mitnahme zur Exkursion Nr. 1, das »Wie« einer solchen Einführung ist von entscheidender Bedeutung!

Zu einer Partnerschaft im Sinne der handfesten, technischen Hilfestellung und der sachlich klaren, verständlichen Information über die wissenschaftlichen Grundbegriffe, führt ein kurzer, einfacher Weg: Ohne lange nachzudenken, erkundigt sich der interessierte Anfänger – eventuell durch Zwischenschaltung eines Mineralienhändlers am Ort – nach einem aktiven Sammler, sucht freiweg und ohne Scheu den Betreffenden auf und erklärt ihm sein Anliegen. Hat der Mann keinen Grund, die kalte Schulter zu zeigen, ist der erste wichtige Schritt getan: Lehrer und Schüler einigen sich, bald schon gemeinsam auf Tour zu gehen, vielleicht in größerer Gruppe, zusammen mit anderen Sammlerkollegen des »Meisters«.

Zum gleichen Thema waren kürzlich im »Aufschluß«, der Monatszeitschrift der VFMG (Vereinigung der Freunde der Mineralogie und Geologie) einige Zeilen zu lesen, die von Dipl.-Ing. Heinz Beyer, Nettehöfe/Eifel, stammen und genau unserer Auffassung entsprechen:

»Es ist von großem Vorteil, wenn ein junger, mit guter Beobachtungsgabe ausgestatteter Sammler mit einem älteren Sammler zusammenarbeitet, der die Funde genauer untersucht, die Mineralien bestimmt und über alle Feststellungen seinen jungen Freund unterrichtet. Aus einer solchen kameradschaftlichen Zusammenarbeit ergeben sich für beide Partner Vorteile, die nicht zu unterschätzen sind: Die Kenntnisse nehmen zu, und die Sammlungen beider wachsen. Geheimniskrämerei und Eigenbrötelei zieren keinen Sammler. Eine offene Vertrauensbasis, ein gegenseitiges Sich-Beschenken und ein gemeinsames Teilhaben an der Findermühe einerseits, der Deutungsarbeit andererseits, vermitteln mehr Freude am gemeinsamen Erfolg. Der Jüngere tauscht hierbei Stücke gegen erweiterte Kenntnisse. Und der Ältere sollte sich immer vor Augen halten, daß Kenntnisse und Erfahrungen nur einen Sinn haben, wenn man sie weitergibt.«

Wir bleiben gleich bei der Vorstellung, daß ein Anfänger von etwa achtzehn Jahren, der seit kurzem das Suchen und Sammeln hübscher Steine anstrebt, den geeigneten Berater und Ausflugspartner gefunden hat. Und wir stellen uns ferner vor, daß die beiden neuen Freunde in der geographischen Mitte der Bundesrepublik, in Frankfurt am Main, zu Hause sind. Was mag nun zu Beginn dieser Bekanntschaft, in den ersten Wochen und Monaten des gemeinsamen Denkens, Diskutierens und Planens, im einzelnen geschehen?

Der Anfänger und sein Lehrmeister

Immer, wenn Kay, unser junger Anfänger, bei Lehrmeister Robert zu Besuch ist, lernt er eine Menge hinzu, bekommt mehr und mehr Einblick. Die beiden haben nie ein bestimmtes, festgelegtes Programm. Robert hält nichts davon, den Allwissenden zu spielen, und tut in Anwesenheit von Kay genau dasselbe, was er auch sonst in seinem Studierzimmer täte, ohne Kiebitz. Er bemüht sich aber um den jungen Freund, so gut es geht: Behutsam, auf jede einzelne Frage des Lernenden eingehend, macht er Kay mit den elementarsten Begriffen der Mineralogie vertraut. So ergibt sich bei jedem Zusammentreffen schnell ein ungezwungenes Hin und Her von Fragen und Antworten, ein Dialog, wie er zwischen Gleichaltrigen nicht anders wäre.
Es liegt auf der Hand, daß Kay zunächst an jenen Dingen lernt, die ins Auge fallen:
Da steht im Wohnzimmer des Gastgeber-Ehepaares ein dreiteiliger *großer Schrank* mit gläsernen Türen, in dem eine stattliche Anzahl wunderbarer Schaustufen und kleinerer Handstücke aufgebaut ist. Die in fünf Etagen angeordneten kristallinen Schönheiten sind der ganze Stolz des Hausherrn, denn die meisten Objekte sind von Robert selbst gefunden worden.
Dann, im Studier- und Arbeitszimmer nebenan, gibt es insgesamt sechs hölzerne *Wandborde,* über die sich die sogenannte »Reserve« des Mineraliensammlers Robert verteilt – mit ebenso prachtvollen Stücken wie im Wohnzimmer-Glasschrank, aber eben vom gestrengen, kritischen Meister nur in den zweiten

Rang eingestuft. Die unmittelbare Nachbarschaft der sechs blitzenden Borde, die zusammen acht Meter lang sind, besteht aus einem bunten Nebeneinander von *Büchern* und *Bildern, Aktenordnern* und *Fotoalben,* von *Kalendern* und *Karteikästen* sowie von durchsichtigen *Kassetten,* die allesamt gefüllt sind mit kleinen Mineralstufen, Einzelkristallen und den dazugehörigen, erklärenden *Etiketten.* Hier und überall darf Kay in Ruhe kramen, sichten, lesen und lernen. Ungestört.

Robert – ein Mann um die Fünfzig – weiß aus Erfahrung, daß man einen wissensdurstigen Anfänger nicht gleich mit zuviel trockener Theorie überfüttern darf. Und so nimmt er jedesmal, wenn Kay da ist, den jungen Freund für eine Stunde in seinen *Keller* mit. Hier, inmitten der ausgedienten Regale, der diversen Kisten und Kästen mit staubbedeckten, unansehnlichen, meist derben und klobigen Fundstücken aus Roberts Lehr- und Wanderzeit, sitzt Kay an der eigentlichen, wahren Quelle des Grundwissens. Hier, im gemessenen Abstand von den schmeichelnden Schaustellungen, erfährt er bei seinem väterlichen Freund und Schrittmacher das Wichtigste für ein wirklich produktives, erfolgversprechendes Selbstbeginnen.

Da der Kellerraum nicht naßkalt und muffig ist, genug Luft und eine starke Lampe an der Decke hat, kommt es bei den Untertage-Sitzungen regelmäßig zu längeren Debatten, zu näheren Studien mittels Lupe, hin und wieder auch zu donnernden Detonationen – nämlich dann, wenn Meister Robert seinem jungen Sammlerkollegen vormacht, wie ein größerer Brocken sach- und fachgerecht mit Meißel und Hammer gespalten wird.

So wie oben in der Wohnung lösen sich Fragen und Antworten ab, verstehen sich die beiden ausgezeichnet. Mal ist die kühle, nüchterne Theorie an der Reihe, und Kay muß sich beispielsweise darüber aufklären lassen, daß der Begriff »Steine« in der Wissenschaft gleich null ist, überhaupt nicht existiert. Robert erläutert die exakte Unterscheidung von »Mineralien« und »Gesteinen« – worüber wir im nächsten Kapitel ausführlich sprechen werden –, und Zuhörer Kay weiß von dieser Stunde an, daß der Ausdruck »Steine« nur der allgemein gebräuchliche, abgeschliffene Sammelname für alle festen Bestandteile der Erdkruste ist. Ein andermal ist bei der Kellersitzung wieder die reine Praxis der Mineraliensuche an der Reihe, und unser Frankfurter

Anfänger erfährt nähere Einzelheiten über das Auffinden sogenannter »Gerölle« im Bereich von Flüssen:

»Was glaubst du«, fragt Robert, »woher die riesigen Mengen von rundlichen Steingebilden stammen, die wir an Ufern, seichten Stellen und in trockenen Betten von Flüssen vorfinden?« Kay hat Köpfchen und kombiniert, zögert aber mit einer Antwort. Robert zeigt dem jungen Freund einige apfelgroße, kugelige Stücke, in den Farben verschieden von hellgrau bis rotbraun, und sagt: »Siehst Du, diese runden Dinger sind typische *Gerölle*, wie sie von den Flüssen über weite Strecken hin transportiert, mit der Zeit ganz glatt geschliffen werden. Die Fachleute bezeichnen das Flußgeröll auch häufig als ›gequältes Gestein‹ – das nicht verwechselt werden darf mit dem ›Geschiebe‹, den vom Gletschereis mittransportierten und weiter verfrachteten Gesteinsstücken.«

Robert gibt Kay zwei der herausgesuchten, rundlichen Steingebilde in die Hand, geht mit ihm direkt unter die Lampe und erklärt: »Schau mal, dieses hübsche grüne Ei mit den roten Tupfen drauf habe ich vor langer Zeit, während eines Urlaubs in Oberbayern, südlich von München aus der Isar gefischt. Die grünen Nadeln auf der Kugel nennt man Hornblende, und die roten Einlagerungen sind nichts anderes als glatt abgestoßene Kristalle von Granat. – Und hier, das andere Stück – wird dich besonders interessieren, weil die Fundstelle nicht weit von Frankfurt ist: Dieses rotbraune, noch etwas eckige, nur teilweise rund gewordene Gebilde stammt vom Ufer des Mains, aus der Nähe von Miltenberg, wo ich einmal am Fluß Rast gemacht habe. Es ist ein Hornstein-Geröll, das nach wissenschaftlicher Erkenntnis aus dem Gebiet zwischen den Flüssen Regnitz und Pegnitz kommt, also aus dem fränkischen Raum im Dreieck Nürnberg – Bamberg – Bayreuth. Praktisch heißt das: die Strömung des Mains hat diesen Hornstein im Laufe der Zeit über gut und gern 200 km weiterbewegt.«

Endlich, nach wochenlangem Warten auf die Stunde X, bahnt sich für Kay das große Abenteuer an, die erste gemeinsame *Exkursion* mit Meister Robert:

Am frühen Morgen eines Samstags rollen die beiden in Roberts Wagen über die Autobahn in Richtung Südost. Kurz hinter Aschaffenburg, an der Ausfahrt Hösbach, geht es weiter über

Land, mit Kurs auf Schöllkrippen. Wenige Kilometer hinter Schimborn zweigt nach rechts eine Straße ab, der Wagen erreicht die ersten Häuser einer kleinen Ortschaft, und Kay liest auf der gelb-schwarzen Tafel den Namen »Sommerkahl«. Das Auto schlängelt sich durch die schmalen Gassen, kommt wieder ins Freie, rumpelt noch ein Stück über einen lehmigen Weg und stoppt an einem wenig einladenden Platz – direkt neben einem Mist- und Müllhaufen. Robert sieht die enttäuschte Miene seines Beifahrers, lächelt, zeigt mit dem linken Arm auf den unschönen Abladeplatz und sagt: »Keine Angst, mit dem Dreck da vorn haben wir nichts zu tun. Aber schau mal genau hin – erkennst du die grünen und blauen Farbflecken an der Wand hinter dem Müllhaufen, dort drüben?« Kay nickt mit dem Kopf und hilft dem Meister beim Herausnehmen der *Arbeitsgeräte*.

Fünf Minuten später sind die beiden schon voll in Aktion. Kurz und knapp hat Robert seinem jungen Freund erklärt, daß es sich bei den grasgrünen und den kräftig blauen Stellen im Gestein um schwache Auflagerungen der beiden kupferhaltigen Mineralien Malachit und Azurit handelt. Wohl gäbe es von den beiden Artverwandten sehr viele und weit schönere Vorkommen als hier, mit herrlichen kristallinen Ausbildungen und farblicher Brillanz. Aber das sei zur Stunde nicht wichtig, Sinn und Zweck dieser ersten gemeinsamen Unternehmung bestünden darin, Anfänger Kay die richtige Handhabung der am meisten benötigten Arbeitsgeräte zu erklären, wozu sich gerade dieser Platz besonders gut eigne.

Kay ist ein geschickter, cleverer Bursche, der auch hart zupacken kann. Doch seine ersten Versuche, mit Hilfe von Hammer und Flachmeißel eine schmale Platte des grün-blauen Materials abzutreiben, gehen absolut daneben. Ja, bei einem schlecht gezielten, etwas lässig berechneten Schlag passiert ihm das Mißgeschick, den linken Handrücken zu treffen. Es ist kein großes Malheur – zumal die beiden Männer, selbstverständlich, derbe und dicke Arbeitshandschuhe tragen –, aber immerhin, Freund Kay ist gewarnt.

Als die Sonne hochkommt, liegen neben Robert schon einige beachtliche Stücke, während die Ausbeute von Kay noch recht mager ist. Jetzt ist der Augenblick gekommen, da der erfahrene Praktiker dem unerfahrenen Neuling zur Hand geht und ihm ein paar Tricks, ein paar *arbeitstechnische Kniffe*, verrät: Der Flachmeißel darf nicht zu direkt, nicht zu horizontal angesetzt werden. Es gilt vielmehr, an der fraglichen Stelle erkennbare Sprünge, Risse oder Bänderungen aus anderem Material klug zu nutzen, den Meißel dort im spitzen Winkel langsam einzutreiben und so zunächst die nähere Umgebung des herauszulösenden Stückes zu lockern. Eine Methode des Umweges, der Umwanderung, die aber letztlich lohnt, wenn das betreffende Objekt unverletzt geborgen werden soll.

An einer Stelle der wild zerklüfteten Wand, die zum Glück keine gefährlichen Überhänge aufweist, ist ein großes Loch, etwa in den Dimensionen eines Bettgestells, nahezu einen Meter tief. Das Loch ist fraglos das Werk anderer Mineraliensammler, denn genau dort sitzt im Gestein ein farbstarker, satt dunkelblauer Azurit auf, und mittels einer Lupe sind dichte Rasen aus winzigen Kriställchen deutlich zu erkennen. Meister Robert legt sich auf den Rücken, zwängt sich in die wannenartige Höhle, läßt sich von Kay den leichtesten seiner insgesamt drei Hämmer und einen kleinen, nur acht Zentimeter langen Flachmeißel zureichen, sucht sich dicht über seinem Kopf eine bestimmte Stelle mit tiefblauem Azurit aus und beginnt sein Werk. Erfolg? Nach einer Viertelstunde hat er eine wunderschöne, flache Platte in der Hand, groß wie eine ausgestreckte Männerhand, übersät von zahllosen Azurit-Kriställchen, deren stärkste mit bloßem Auge wahrzunehmen sind. Einige Nester von weißlichem Quarz und mehrere Einlagerungen von Malachit in lebendigem Grün steigern noch den mineralogischen Wert der Platte.

Kay will nicht zurückstehen und macht es dem Meister nach. Wie er so zum erstenmal in seinem Leben – mit Steinschlaghelm auf dem Kopf, Hammer und Meißel in den Fäusten – in einem höhlenartigen Felsenloch liegt, klopft das Herz ein wenig schneller als sonst. An Courage fehlt es ihm aber nicht, und mit dem Lächeln tiefster Befriedigung schaut Robert zu, wie der junge Freund in selbstsicherer Manier seine Arbeit beginnt. Nun gut, das Schlagen von unten nach oben hinauf ist noch für Kay ganz ungewohnt, ganz neu. Auch das gleichzeitige, präzise Ansetzen des Meißels macht noch Schwierigkeiten. Aber schließlich, nach einer halben Stunde des eifrigen Werkelns, gelingt es Kay doch, mit einem achtbaren Handstück zur Außenwelt zurückzukehren:

Malachit und Azurit auf grau-braunem Muttergestein, sehr gefällig, das abgespaltene Stück so groß wie eine Untertasse. Bewährungsprobe bestanden, Hammer und Meißel noch intakt.

In der Folgezeit reiht sich nun Abenteuer an Abenteuer. Zumal es Sommer geworden ist und Robert gut zwei-, dreimal im Monat zu Wochenend-Exkursionen fortfährt, meistens über Nacht, wächst Kay ganz konsequent in die Rolle des Helfers und Assistenten hinein. Mit jeder neuen Tour gewinnt er an handwerklicher Sicherheit, und im *Bestimmen von Mineralien* macht er sich dadurch fit, daß er in seinen freien Stunden liest, studiert und zulernt. Die vielen geologischen und mineralogischen Fachbücher, Fotoalben, Fundetiketten, Karteikarten und Mineralien-Kalender in Roberts Studierzimmer ersparen unserem jungen Frankfurter Freund unnötige Ausgaben. Dennoch fängt er langsam damit an, einen eigenen kleinen Fundus aufzubauen – mit Aktenordnern für wichtige, laufende Notizen, Zeitungsausschnitte und derlei mehr, mit einigen fachbezogenen Nachschlagewerken, mit verschiedenem Kartenmaterial sowie handlichen, durchsichtigen Kästen für die Unterbringung der schon zahlreichen eigenen Funde. Zusammen mit den Gesteinsproben und Mineralstufen, die Meister Robert inzwischen gern für Kay abgezweigt hat, steht bereits eine ganze Menge von Beleg- und Schaustücken zur Verfügung.

Bis tief in den Herbst des ereignisreichen Jahres rollen die Exkursionen. Ab und zu ist auch Roberts Frau mit von der Partie, und die meisten Touren werden in Gruppen von vier bis sechs Mann unternommen. Kay begreift mit der Zeit, daß es gerade der Teamgeist, der kameradschaftliche Zusammenhalt ist, der dem Sammeln schöner Mineralien den tieferen Sinn und Wert gibt. Nicht die Beute, das Jagen nach sensationellen Funden, das gegenseitige Übertreffen bestimmen den Kurs. Es ist vielmehr der Geist der Gemeinsamkeit, der als ungeschriebenes Gesetz alle Aktionen begleitet.

Als das Jahr zu Ende geht, spiegeln die *Aufzeichnungen* unseres jungen Freundes aus Frankfurt am Main in lebendigster Weise wider, wie gut und glatt er vom Start gekommen ist:

In der Gemarkung Flörsheim am Main hat man bei stundenlangen, ungemein anstrengenden Grabungen eine ansehnliche Menge von versteinertem Holz gefunden. Auf den bewaldeten

Anhöhen bei Münzenberg, unweit von Butzbach und Bad Nau-
heim, konnte die Mannschaft an einem Wochenende im August
zahlreiche Exemplare von rotem und gelbrotem Jaspis auflesen.
Im Steinbruch von Erlenbach im Odenwald, betreut von Orts-
vorsteher und Uhrensammler »Schorsch« Trautmann, hat man
eine ganze Menge von bläulich-violett angelaufenen Kupferkies-
Stufen aus den Wänden schlagen können. Und die insgesamt
drei Exkursionen ins benachbarte Siegerland haben viele prachtvolle Funde eingebracht – mit Quarzen und Siderit, mit Braunem Glaskopf, mineralogisch bedeutsamen »Berg-Eiern« und
anderen Dingen mehr, die das Herz eines Sammlers höher schlagen lassen.

Nehmen wir die kleine, einleitende Geschichte von Robert und
Kay als bezeichnendes Beispiel, so kommen wir der Wahrheit
dieser wunderbaren Freizeitbeschäftigung um ein gutes Stück
näher: Aufgeschlossenheit für den Reichtum der Erde, mensch-
liche Verständigung und stetes Bemühen um mehr Wissen geben
den Ausschlag. Nur so und nicht anders gelangt der Mineraliensammler zu Glück und Erfolg.

Ausrüstung, Werkzeug und Proviant

Das gilt sofort von Anbeginn des Suchens und Sammelns unter
freiem Himmel: Die Erfordernisse einer zweckmäßigen Bekleidung und Ausrüstung, eines vollständigen und stabilen Werk-
zeuges sowie einer ordentlichen, gut bekömmlichen Verpflegung
sind von größter Wichtigkeit. Vor jeder Art von Leichtsinn, vor
jeder Art von Halbheit in diesen Beziehungen muß entschieden
gewarnt werden.

Sofern die ersten, zaghaften Bemühungen des Anfängers darauf
beschränkt bleiben, an Flußufern, in vereinsamten alten Steinbrüchen oder in felsdurchzogenen Waldgebieten nach netten
Steinchen zu suchen, mögen feste Schuhe, ein Rucksack und ein
schmal bemessener Proviant vollauf genug sein. Geht es aber
auf tagelange Tour, wird die Sache wirklich ernst genommen,
mit genauer Vorplanung und so, dann müssen unbedingt jene
Spielregeln eingehalten werden, die aus der praktischen Erfahrung der Fortgeschrittenen kommen.

Wir gehen der Reihe nach, wie sie bereits im Titel des Abschnittes festgelegt wurde, und lassen hier noch außer acht, welche besonderen Anforderungen bei Exkursionen im Hochgebirge gestellt werden. Über diese speziellen Dinge sprechen wir erst in einem späteren Kapitel. Die folgenden Empfehlungen gelten also für Sammelfahrten im Flachland und Mittelgebirge sowie für Grubenbefahrungen.

Ausrüstung, Bekleidung
Schuhwerk: Knöchelhohe, fest ansitzende Schuhe mit gut greifenden Profilsohlen (»Leichtbergschuhe«). Fallweise zusätzlich hohe Gummistiefel, unterhalb der Knie zuzubinden.
Ober- und Unterbekleidung: Pullover. Wetterfester Anorak oder Regenschutz (langer, leichter Mantel aus Kunststoff, wasserdicht imprägnierter Regenmantel o. ä.). Kniehohe Bundhose, auf

Gute, zweckmäßige Tragetasche (links) im Vergleich zu einer völlig ungeeigneten, viel zu tief hängenden Tasche.

gar keinen Fall normale, lange Hose, unten weit. Dicke Wollstrümpfe, kniehoch oder noch länger. (Reservestrümpfe im Gepäck.) Wärmendes Hemd, ärmelloses Unterhemd. Je nach der Wetterlage kurze oder bis an die Sprunggelenke reichende, lange Unterhosen. Halstuch in Reserve.

Kopfbedeckung: Hut (»Trenkerhut« aus derbem Cord), Schirmmütze o. ä. Fallweise, für die Arbeit in Steinbrüchen, an Felswänden usw. sicher und fest ansitzender Steinschlaghelm (möglichst auch mit seitlichem Ohrenschutz).

Für die Arbeit: Derbe Arbeitshandschuhe (grundsätzlich nur Fingerhandschuhe, keine Fäustlinge!). Fallweise, beim Aufschlagen von Gesteinen nützlich, Splitterschutzbrille (mit dichtem, feinem Gitter). Taschenmesser. Ausgediente, alte Wollstrümpfe und Papiertaschentücher zum Verpacken empfindlicher Funde, Zeitungspapier zum äußeren Einpacken. Rucksack (Leichtmetall-Gerüst, wasserdichter Stoff, mindestens vier bis sechs Außentaschen, mit Rückenstützung, Bodengestell). Bei kleineren, zeitlich begrenzten Exkursionen ausreichend: Robuste Tragetasche, möglichst flach, quer geschnitten, mit kurzen Trägern, darf beladen nicht zu tief hängen, soll bei gestrecktem Arm noch genügend Spielraum über dem Boden haben. Einschlaglupe oder andere, leicht in der Tasche mitzuführende Lupe, je nach Anspruch zwischen 4,5 und 12 Dioptrien.

Sonstiges: Brille und Sonnenbrille, je nach Bedarf, Gewohnheit. (Ständig benötigte, optische Brille prinzipiell durch ein Band o. ä. gesichert, um einem möglichen Verlorengehen im Steinbruch, auf Halden usw. vorzubeugen.) Uhr. Fallweise Landkarte, Kompaß. Notizblock und -stift. Feuerzeug oder Streichhölzer. Taschentuch. Toilettenpapier.

Werkzeug

• Geologenhammer, 30 bis 40 cm lang, im Stück gegossen, eventuell vanadiumgehärtet. Gewicht um 1 kg. Praktisch, wenn die Gegenseite des Hammerkopfes als Pickel oder als Schneide ausgebildet ist. (Was jedoch nicht bedeutet, daß Pickel oder Schneide als Spitz- oder Flachmeißel benutzt werden dürfen, bei Einsatz eines zweiten Hammers. Von den Schlagflächenkanten des Geologenhammers können spitze, nadelfeine Splitter wegspringen!)

- Starker, 15 bis 20 cm langer Flachmeißel, eventuell (für den noch Lernenden) mit ringförmigem Handschutz in Form eines Hartgummi-Tellers, nach Möglichkeit mit präparierter, auf die Größe eines Fünf-Mark-Stückes verbreiterter Schlagfläche.
- Schwächerer, kleinerer Flachmeißel, etwa 8 bis 12 cm lang.
- Starker und schwächerer, kleinerer Spitzmeißel, Maße und besondere Hinweise wie bei den Flachmeißeln.

Ferner, je nach den einzelnen Vorhaben und den eigenen praktischen Gewohnheiten:
- Schwerer Hammer (Vorschlaghammer), Gewicht 3,5 bis 5 kg, mit langem, elastisch federndem Stiel.
- Fäustel (Schlägel, Schlegel), 1 bis 1,5 kg schwer.
- Brechstange und Stemmeisen.
- Kräftiger Klappspaten, mit spitz auslaufendem Blatt, 50 bis 60 cm lang.
- Kleiner, krallenartiger Gartenrechen aus Stahl, für die Arbeit auf Halden, in Lockergestein, bei Grabungen.
- Normaler Gartenrechen aus Stahl, mit dem Stiel um 1,20 m lang, für die Arbeit an Bächen, Flußufern, Wasserfällen und ähnlich beschaffenen Fundstellen.

Über das aufgeführte Standard-Werkzeug hinaus sind noch verschiedene *andere Arbeitsgeräte* gebräuchlich, doch werden diese nur von wenigen Spezialisten oder von solchen Sammlergruppen eingesetzt, die mit allen nur denkbaren Raffinessen ans Werk gehen. Ein kleiner Teil dieser zusätzlichen, technischen Hilfsmittel sei hier noch kurz erwähnt:

Schwerer Pickel, Haue mit dreikantigem Blatt, Keile zum Aufspalten größerer Gesteinsblöcke und Sonden in unterschiedlichsten Formen und Längen. Kasten- und Rundsiebe. Transportable Bohrgeräte und Preßlufthämmer.

Aber wie schon gesagt: Der normale Mineraliensammler, ob erst Anfänger oder bereits Fortgeschrittener, kommt mit dem vorhin aufgereihten, allgemein benutzten Werkzeug sehr gut aus.

Proviant

Die Fragen der Verpflegung, das sagt die Logik, sind natürlich immer auf den Einzelfall abzustimmen – auf die Dauer der geplanten Exkursion, die Kopfzahl der Teilnehmer, die jahreszeitlich bedingten Wetterverhältnisse. Und da die Menschen sehr verschieden veranlagt sind, auch in bezug auf ihren »Umsatz«, ihre Bedürfnisse in puncto Essen und Trinken, kann man nicht für Sammelfahrten ein Jedermann-Rezept verabreichen. Aufgrund der gewachsenen Erfahrungen ist es aber zumindest möglich, die Zusammensetzung eines ordentlichen und gut bekömmlichen Tourenproviants darzulegen.

Wenn wir ganz außer acht lassen, daß mancher Mitmensch, auch mancher Sammlerfreund, in gesundheitlicher Beziehung bestimmte Grenzen beachten muß, so können die folgenden Nahrungsmittel für unterwegs empfohlen werden:

- Kräftiges Bauernbrot, Sonnenblumen- oder Holzofenbrot im Stück, nur schwach gewürzt und nicht zu frisch. (Sowohl allzu weiches, weißes als auch zu strenges, dunkles Brot haben sich weniger gut bewährt. Das gilt auch für Semmeln, Hörnchen und Schwarzbrotscheiben à la Pumpernickel.)
- Hochwertige Margarine, abgefüllt in schraubverschlossene, flache Büchsen und so im Rucksack transportiert.
- Harte Wurst oder Speck im Stück.
- Fester Schnittkäse, ebenfalls im ganzen Stück.
- Hart gekochte Eier.

- Leicht verdauliche, fettarme Kekse.
- Schnittfeste, nicht zu süße Äpfel sowie Orangen.
- Gut warm gehaltener Tee (als absolut wichtigstes Getränk während der Tour!) und zur gelegentlichen Erfrischung Gemüsesaft oder verdünnter Fruchtsaft in Dosen bzw. unzerbrechlichen Flaschen.
- Eventuell noch saure Bonbons, Traubenzucker, leichte Vollmilchschokolade.

Nicht zu vergessen, was beim Picknick im Freien noch unbedingt gebraucht wird:

Salz und Senf. Ein abwaschbares Tuch. Plastikteller und -tassen. Bestecke. Papiertaschentücher. Plastikbeutel für die Reste der Mahlzeit, mitgeführt bis zum geeigneten Wegwerfplatz.

Unsere Notizen lassen eines klar erkennen: Bei Landpartien im Geist der »Steineklopfer« sollten allzu üppige Speisen, innerlich nur belastende Leckerbissen und auch anregende, alkoholische Getränke mit Vorsatz gemieden werden. Eine gehaltvolle, einfache Kost entspricht am ehesten den Bedürfnissen, wenn die kostbare Zeit genutzt und beim emsigen Schaffen etwas wirklich Produktives erreicht werden soll.

Mehr Chancen durch Auskunft und Hilfe

Mit der kurzen Vorgeschichte von Robert und Kay, im einleitenden Abschnitt, hatten wir bereits versucht, ein gewisses »Gebrauchsmuster« für das Hineinwachsen in die Materie zu liefern. Im folgenden soll nun dieser Bogen der Kontaktmöglichkeiten weiter ausgespannt werden, so daß der Amateurnachwuchs die Vielfalt seiner Chancen erkennen und sie auch nutzen kann. Um gedankliche Überkreuzungen zu vermeiden, die Dinge auf einfache Weise zu erläutern, gehen wir Punkt nach Punkt vor:

- Der kluge Mann baut vor. Und ein von Tatendrang beseelter Anfänger tut gut daran, sich alsbald um die Mitgliedschaft in der VFMG zu bemühen. Die Mitgliedskarte dieser schon einmal erwähnten *Vereinigung der Freunde der Mineralogie und Geologie e.V.*, mit Sitz in Heidelberg, ist zwar kein Sesam-öffne-Dich für sämtliche Tore und Türen. Sie ist aber geeignet, hier und dort die Widerstände zu verkürzen, eben den Nachweis zu erbringen, daß man es ernst meint. Immerhin steht ja auf der Rückseite einer solchen Mitgliedskarte wörtlich geschrieben: »Der Vorstand der Vereinigung bittet die Besitzer und Leiter von Bergwerken, Steinbrüchen, Gruben usw., dem Inhaber dieses Ausweises im Interesse der Förderung von mineralogischen und geologischen Kenntnissen das Betreten der Anlagen auf eigene Gefahr zu Studienzwecken zu gestatten. Der Inhaber der Mitgliedskarte verpflichtet sich, den Anweisungen des Aufsichtspersonals Folge zu leisten.«

Welche Hilfestellung ist ansonsten von der VFMG zu erwarten? Kurze, bündige Antwort: Die Aktivität des einzelnen Mitglieds entscheidet selbst hierüber. Anders ausgedrückt, hat jedermann die Möglichkeit, über den turnusmäßigen Empfang der Monatszeitschrift »Der Aufschluß« hinaus die vereinsinternen Angebote auszunutzen. Hierzu gehören regelmäßige Zusammenkünfte der einzelnen VFMG-Bezirksgruppen und lokalen Sammler-Vereinigungen, die Teilnahme an den jährlichen, meist dreitägigen Sommertagungen (mit Exkursionen und Sammelgelegenheit) sowie der verbilligte Bezug von sogenannten »Sonderheften« mit wertvollen, regional umgrenzten, fachlichen Informationen.

Anmerkung des Verfassers, aus gutem Grund noch zugeordnet: Im § 4 der VFMG-Satzung heißt es ausdrücklich, »daß die Vereinigung eine gemeinnützige Gesellschaft ist, keine wirtschaftlichen Zwecke verfolgt und Gewinne irgendwelcher Art nur für die satzungsgemäßen Zwecke verwenden darf«. Diese festgefügte Grundauffassung ist im § 3 der Satzung klar und unmißverständlich formuliert. Es heißt dort: »Zweck und Aufgabe der VFMG ist ausschließlich die Pflege der Mineralogie, Petrographie (Gesteinskunde), Geologie und Paläontologie (Versteinerungskunde). Sie will durch Aussprache, Vorträge und Lehrausflüge eine enge Fühlung zwischen den Vertretern der Wissenschaft und denen des praktischen Lebens herstellen, zur gegenseitigen Anregung und Förderung.«

● Eine ganze Anzahl von *Hochschul-Instituten* bietet Ansatz- und Anknüpfungspunkte für wertvolle, fachliche Informationen. Es wäre irrig anzunehmen, daß die Herren Professoren, Dozenten, Assistenten und Studenten – nicht zu vergessen die Damen im gleichen Lehrbereich – eine Mauer des Schweigens aufgerichtet und keinerlei Interesse an den Freizeitmineralogen hätten. Im

Gegenteil, viele Institute öffnen bereitwillig ihre Pforten, um dem Fußvolk der Amateure Einblick in die Welt der hohen Wissenschaftlichkeit zu gewähren.

Drei örtliche Hinweise mögen genügen, um diese erfreulichen Verknüpfungen zu veranschaulichen: Die Mitglieder der VFMG-Bezirksgruppe *Bonn* treffen sich einmal im Monat (außer Juli und August) im Geologischen Institut der Bonner Universität, im Hause Nußallee 8. In *Hannover* liegen die Dinge ähnlich: jeweils einmal im Monat ist ein Hörsaal im Mineralogischen Institut der Technischen Universität Stätte der Begegnung für die im Raum Hannover ansässigen Mineralienfreunde. Und in *München* ist es das Mineralogische Institut an der Barerstraße, in dessen supermoderner Räumlichkeit an einem bestimmten Wochentag, früh abends, die an der Isar beheimateten VFMGler ihr angestammtes Forum haben. Die vorher angesprochenen Ansatz- und Anknüpfungspunkte sind ohnehin in der bayerischen Landeshauptstadt üppig gediehen: Unter den schirmenden Dächern der »Ludwig-Maximilians-Universität« gibt es der fachlich dienenden Institute gleich fünf – »für allgemeine und angewandte Geologie und Mineralogie«, »für angewandte Geophysik«, »für Kristallographie und Mineralogie«, »für Mineralogie und Petrographie« sowie »für Paläontologie und historische Geologie«. Das dürfen die Sammler im südlichen Bayern als angenehmes Plus verbuchen.

• Verteilt über die gesamte Bundesrepublik, zumeist mit Sitz in den Verwaltungszentren des Bergbau- und Hüttenwesens, gibt es sogenannte *Oberbergämter und Bergämter.* Diese Behörden sind dazu da, über die Einhaltung der zahlreichen bergrechtlichen Bestimmungen zu wachen und haben insofern als Informationsquellen einen besonders hohen Wert. Wohlvertraut mit den geltenden Gesetzen, wenn auch in etwas engerem arbeitstechnischem Rahmen, sind ferner die Vertretungen der Steinbruchs-Berufsgenossenschaften – unterteilt in vier Sektionen, mit der Hauptverwaltung in Hannover. Es liegt auf der Hand, daß man bei den genannten Stellen sehr nützliche Hinweise bekommen kann – vorausgesetzt natürlich, daß sich eine gelegentliche Vorsprache hier oder dort auf einige präzise, sachliche, kurze Fragen beschränkt.

Von außerordentlicher Bedeutung, im gleichen Sinne der eigenen

Information, sind des weiteren die *Geologischen Landesämter* bzw. *Landesämter für Bodenforschung*. Das folgende praktische Beispiel zeigt an, wie wertvoll der Kontakt zu einer derartigen Landesbehörde sein kann:

Nehmen wir einmal an, die Mineraliensammlerin X. aus Friedberg in Hessen hat vor Jahresfrist den kühnen Mut aufgebracht, ohne Voranmeldung beim »Hessischen Landesamt für Bodenforschung« in Wiesbaden, Leberberg Nummer 9, zu erscheinen. Sie hat höflich darum gebeten, eine Dame oder einen Herrn sprechen zu können, um ein paar Fragen zu stellen. Die Sache war in wenigen Minuten eingefädelt, Sammlerin X. erhielt auf ihre insgesamt vier gutvorbereiteten Fragen die erwünschten Antworten – und der wahre, tiefere Effekt des kurzen Besuches am Leberberg ergab sich erst in der Folgezeit und ergibt sich noch heute:

Entsprechend ihrer damaligen Bitte, über alle laufenden, für die Allgemeinheit bestimmten Veröffentlichungen des Landesamtes informiert zu werden, bekam und bekommt Fräulein X. in Friedberg hin und wieder Post aus Wiesbaden. Zu diesen willkommenen, aufschlußreichen Schriften gehört unter anderem ein in himmelblauer Farbe gebundenes »Verzeichnis verkäuflicher Veröffentlichungen«, gehört auch ein wunderschöner, in Farben gedruckter Katalog mit dem Titel »Bodenforschung in Hessen«. In diesem Katalog ist ein erstklassiges Studienmaterial aneinandergereiht, mit dessen Hilfe der Einblick, das Grundwissen vertieft werden kann.

● *Museen, Ausstellungen, Bibliotheken.* Hinter diesen drei Worten steht eine weitere, goldene Chance, die Kenntnisse auszubauen und an Urteilsvermögen zu gewinnen.

Zum Glück sind die Zeiten dahin, da man hinter den Gemäuern eines Museums mit dem süßlichen Duft vergilbter Bücher und verblichener Uniformen zu rechnen hatte. Gerade in Blickrichtung Geologie und Mineralogie hat sich viel getan, und das noch jugendlich erstrahlende »Deutsche Edelstein-Museum« in *Idar-Oberstein* ist nur eines unter vielen Beispielen für die zeitgemäße Härtung und Versachlichung derartiger Schaustellungen. Womit nicht gesagt sein will, daß der neue Kurs das Bewährte, Herkömmliche in Acht und Bann tun darf. Eine so prachtvolle und glitzernde Schau wie etwa die »Geologische und mineralogische

Sammlung« im Westflügel des Museums von *Goslar* hat nach wie vor ihre volle Daseinsberechtigung.

Ziehen wir den Kreis enger, im direkten Interesse der Sammler, dann bieten sich zwei besondere Hinweise an:

In nächster Nähe von *Amberg* in der Oberpfalz – also inmitten eines historisch bedeutsamen, weit verzweigten Bergbaureviers –, wird am Aufbau eines »Bergbau- und Industriemuseums Ostbayern« gearbeitet. Künftige Heimat der in mehrere Abteilungen gegliederten Ausstellung ist das alte »Hammerherren-Schloß« zu Theuern an der Vils, von der einstigen Residenzstadt der Oberpfalz, Amberg, nur 8 km entfernt. Der aus Fachleuten des Bergbaus, der verwandten Wissenschaften und der Heimatpflege zusammengesetzte Vorstand des Förderkreises setzt alles daran, mit dem neuen Museum ein Studienobjekt ersten Ranges zu schaffen – ganz bewußt auch auf die Sammler von Mineralien ausgerichtet, die mit hervorragendem Anschauungsmaterial aus aller Welt erfreut werden sollen.

Der andere Hinweis bezieht sich auf die Bibliothek der Montanistischen Hochschule von *Leoben* in der Steiermark, Österreich. Hier, ebenfalls in einer Gegend, die für den Mineraliensammler von eminentem Anreiz ist – siehe die überreichen Mineralvorkommen am gigantischen Terrassenbau des Erzberges! – ist etwas Beispielgebendes gelungen: In jahrzehntelanger, eifriger Kleinarbeit hat die von Direktor Peter Sika geleitete Gruppe von Bibliothekaren eine große Anzahl von historischen Schriften, Grubenplänen, Vertragspapieren, wissenschaftlichen Werken und verschiedensten Schaustücken aus der Vergangenheit und Gegenwart des Bergbaus zusammengetragen. Anhand dieses ausgezeichneten, sofort greifbaren Materials ist es möglich, innerhalb kürzester Zeit soviel hinzuzulernen, wie sonst nur in mehreren Etappen, an mehreren Studienplätzen.

● Mehr Chancen durch Auskunft und Hilfe ergeben sich naturgemäß auch dann, wenn der Mineralienfreund ab und zu Briefe schreibt, eine zweckdienliche *Korrespondenz* in Fluß hält. Mancher Tauschpartner, den man niemals kennenlernen würde, kommt quasi durch die Post ins Haus. Und viele wichtige Tips – zum Beispiel in bezug auf Entfernungen, Anfahrtswege, Geländeformen, genauere Fundpunkt-Erklärungen und so weiter –

können brieflich übermittelt werden. Vom Telefon hier ganz zu schweigen, das ja leider ein Problem für sich ist . . .

● Früher oder später kommt der Augenblick, in dem der passionierte »Steineklopfer« einige Fundstücke sein eigen nennt, die unbedingt geschnitten werden müssen. Was tun, wenn kein entsprechendes Gerät zur Verfügung steht, auch nicht im Kreis der Sammlerfreunde? Der nächstliegende Gedanke steuert den Geist zum erstbesten Steinmetz hin – und damit ist unser neues Stichwort gefallen: Im genannten beruflichen Bereich, auch mit ausgewachsen industriellem Gepräge, finden wir überall aufgeschlossene Leute, die für unser Anliegen Verständnis haben und gern einmal ihre *Steinsäge* für unsereins rotieren lassen.

Manchmal ergeben sich auch abseits der aktuellen Bedürfnisse gewisse Ansatzpunkte von hohem Nutzen. Wiederum ein praktisches Beispiel: Im Büro eines steinbearbeitenden Betriebes in der alten Domstadt *Freising* sah der Verfasser vor einigen Jahren einen bestechend schönen Wandkalender mit Großaufnahmen von Kristallstufen hängen. Zwei Fragen, zwei Antworten, und schon war die Anschrift jener Firma notiert, die alljährlich ihren Geschäftsfreunden und Dauerkunden Exemplare der neuesten Auflage des Mineralienkalenders verehrt. Ergebnis des nachfolgenden Briefwechsels: Das besagte Unternehmen ist seither so freundlich, den Herrn Schriftsteller und Amateursammler niemals zu vergessen.

● Hoch einzuschätzen ist die ständige, informative Verbindung zu einem oder zu mehreren *Mineralienhändlern* – wohlgemerkt zu Fachleuten, die auf seriöse Art ihre Geschäfte tätigen. Da es leider auf diesem Tätigkeitsfeld neben dem Licht auch viele Schatten gibt, muß das eben Gesagte doppelt betont werden. Mit anderen Worten: Die empfohlenen, dauerhaften Kontakte sollten sich auf Personen beschränken, die erstens fachlich geschult sind, also von der Geologie und Mineralogie einiges verstehen, und die zweitens beim Groß- oder Einzelhandel angesiedelt sind beziehungsweise in freier Berufsausübung den entsprechenden steuertechnischen Verpflichtungen nachkommen. Überall dort, wo die genannten Voraussetzungen nicht erfüllt sind, begibt sich ein Sammler auf die lockere Schaukel der Ungewißheit und muß immer damit rechnen, übervorteilt zu werden.

»Bei persönlichem Besuch geben wir Ihnen gerne Auskunft über Mineral-Fundstellen, und wir bestimmen auch kostenlos Ihre Urlaubsfunde.« Eine solche Botschaft hört man wohl, es fehlt auch nicht der Glaube – und wie sieht es in der Wirklichkeit aus? Das zitierte Angebot, zu finden auf dem Informationsblatt eines Mineralien-Fachgeschäftes auf dem Münchner Oberanger, hält zum Glück mit der Wahrheit und Klarheit Schritt: Jedermann kann im fraglichen Geschäft handfeste Hinweise auf bestimmte Fundstellen erhalten, und jedermann kann seine Ferienbeute auf den Tisch legen, auf daß der Herr des Hauses, ein Dipl.-Geophysiker, die einzelnen Dinge exakt als solches und solches definiert.

Unser erfreuliches praktisches Beispiel leitet schon hin zu den weiteren Chancen, die wir in ständiger Verbindung zu derartigen Fachleuten nutzen können: Anschaffung von langzeit-geprüften Arbeitsgeräten, UV-Lampen, Binokularen (Vergrößerungsapparaten), guten sachdienlichen Büchern, Tabellen, Fundstellen-Verzeichnissen, Kalendern. Kauf von heimischen und solchen Mineralien, die nur jenseits unserer Landesgrenzen oder in Übersee zu finden sind. Hinweise auf Mineralienbörsen, bevorstehende Ausstellungen im In- und Ausland, auf vorgeplante größere Gruppen-Exkursionen und Tagungen, desgleichen Hinweise auf neue Bestimmungen, Erlasse und Auflagen, die den Sammler interessieren.

Gegenseitige Förderung, absolutes Vertrauen und ganz bewußtes Aktuellbleiben. Diese drei Grundsätze sind für die Kontakte, wie eben geschildert, maßgebend.

● *Mineralienbörsen.* Gar keine Frage: Veranstaltungen dieser Art – in der Bundesrepublik und den westlichen Nachbarländern durchschnittlich sechs bis zehn pro Monat, insgesamt – haben stärkste Anziehungskraft und sind geeignet, den Mineraliensammlern sowohl gegenwartsbezogene als auch in die Zukunft gerichtete Impulse und Anregungen zu geben. Mehr geschubst und geschoben als mit eigener Steuerung dahinschreitend, sieht sich der Sammler auf einer Mineralienbörse einem weitreichenden, vielfältigen Angebot gegenüber und kann nach Herzenslust schauen, betrachten, vergleichen und prüfen.

Gewöhnlich sind die Aussteller gute alte Bekannte vom Fach, die von Börse zu Börse fahren und jeweils mit ganz speziellen

Angeboten aufwarten: Mineralien von dort und dort, Schmuck und Edelsteine, Werkzeug, Bücher und Kalender, Hilfsmaterial für häuslich-private Schatzkammern, Geräte zum Schneiden, Schleifen und Polieren, optische Apparaturen und so weiter. In der Regel tauchen aber auch, örtlich verschieden, bislang unbekannte Herrschaften auf, die ihr Glück versuchen und ein Stückchen von der großen Verkaufstorte abbekommen wollen. Gerade diese Leute sind oftmals besonders liebenswürdig und entgegenkommend, weil ihnen noch nicht Routine, glatte geschäftliche Selbstsicherheit anhaftet. Der kluge Mann mit Weitblick, bedacht auf gescheites Einkaufen, sollte an derartigen Ständen ruhig etwas länger verweilen. Dies vornehmlich in den Stunden des Nachmittags, wenn der Torschluß der Börse naht. Warum? Weil die mitfühlenden Menschen der geschilderten Newcomer-Art schlußendlich ihre Preise herunternehmen, sich mit ganz geringem Profit zufriedengeben und ihr Material auf diese Weise mühelos abstoßen.

Eine übliche Begleiterscheinung von Mineralienbörsen ist die Neugier von Kindern und Jugendlichen. Munter kreiseln die nachwachsenden Mineralienfreunde durch die Hallen, legen all ihr Taschengeld in schönen Neuerwerbungen an – und wenn sich der Börsentag seinem Ende zuneigt, hört man es überall raunen und verschämt flüstern: »Haben Sie noch ein paar Reste . . .?« Natürlich, die Aussteller haben noch ein paar Reste. Und die glücklich Beschenkten eilen mit leuchtenden Augen davon. – Eine der sonnigsten Seiten von Börsen dieser Art: Die Jugend erwärmt sich früh für die gleißenden, glitzernden Güter der Erde, die ja uns allen gehört.

Ganz von selbst sind wir nun am Schluß unserer acht Punkte umfassenden Erörterungen, die den vermehrten Chancen durch Auskunft und Hilfe galten, auf Kinder und Jugendliche zu sprechen gekommen. Und damit ist ein Thema angeschnitten, das unbedingt noch näher beleuchtet werden muß, in genau gezielten und begründeten Überlegungen:

Sammelfahrten mit Kindern und Jugendlichen

Nach einem der ungeschriebenen Gesetze im Amateurbereich der Geologie und Mineralogie richtet man sich bei gemeinsamen Exkursionen, gleich welcher Art und von welcher Dauer, grundsätzlich nach der gesamtkörperlichen Verfassung und dem Leistungsvermögen des Schwächsten. Diese freiwillige Rücksichtnahme ergibt sich nicht allein aus kameradschaftlicher Einsicht und Fairneß, sondern auch aus der kalten Logik: Bei kurzsichtiger, unbedachter, ja unverantwortlicher Überforderung eines Gruppenmitglieds gerät das Unternehmen in Gefahr, die Exkursion ist nicht mehr im geplanten Umfang fortzuführen, die betreffende Person muß betreut, heimgebracht, fallweise ärztlicher Obhut anvertraut werden.

Übertragen wir nun diese Gedanken auf Kinder und Jugendliche, so ist in bezug auf Sammelfahrten das folgende festzustellen:

Im Prinzip haben Kinder, denen in körperlicher Beziehung noch klare Grenzen gesetzt sind, bei anstrengenden Exkursionen nichts zu suchen, allenfalls bei kurz bemessenen Tagesausflügen und Wanderungen über geringe Entfernungen. Ebenso fahrlässig und nicht vertretbar ist es, zur Arbeit in Steinbrüchen, auf Halden oder in schwierigem Gelände Kinder mitzunehmen, die noch nicht voll verantwortlich handeln, beaufsichtigt und kontrolliert werden müssen, also eben im Sinne des Begriffes noch »Kinder« sind. Elternpaare oder andere Leute, die nicht so denken, leisten sich ein gefährliches Spiel, das schärfstens zu verurteilen ist.

Eine diesbezügliche Frage, die man immer wieder hört: »Ab welchem Alter nehmen Sie Ihre Kinder ›zu den Steinen‹ mit?« Der Praktiker kann nur folgendermaßen antworten: »Eine allgemeingültige Altersgrenze zu ziehen, ist unmöglich, denn die Entwicklung verläuft bei jedem einzelnen Kind rein individuell. So kann es beispielsweise sein, daß ein dreizehn-, vierzehnjähriger Junge zwar körperlich schon entwickelt ist wie in früherer Zeit ein junger Mann von siebzehn oder achtzehn. Derselbe Junge ist aber vielleicht im Geistigen und Seelischen noch dermaßen weit zurück, daß er zum eigenverantwortlichen Handeln vorerst nicht taugt, insofern beim Mitziehen auf eine Exkursion fehl am Platze wäre. Es ist also Sache der Urteilskraft der erwachsenen Leute, ob ein Junge, ob ein Mädchen ›zu den Steinen‹ mitgenommen werden kann oder nicht. Ganz wesentlich spricht ja immer mit, wohin es gehen soll, für wie lange und mit welchen Anforderungen gerechnet werden muß.«

Fassen wir kurz zusammen: Es ist in jeder Weise richtig und

lohnend, Kinder und Jugendliche frühzeitig für schöne Gesteine, Mineralien und Kristalle zu interessieren. Diese Bemühung muß sich aber an der Vernunft orientieren und schrittweise erfolgen. Ein verfrühtes Mitzerren von Kindern zur Suche oder gar zur Arbeit mit Hammer und Meißel ist abzulehnen.

Das anschließende, kleine »Abc des Grundwissens« hat die Aufgabe, zum nächsten Kapitel überzuleiten, in dem wir uns mit der Entstehung, dem Formenreichtum und der Bestimmung von Mineralien eingehend befassen werden. Nach dem Kennenlernen der lexikalisch aufgereihten, fachlichen und arbeitstechnischen Begriffe wird es bestimmt leichter sein, die nachfolgenden Darstellungen zu verstehen, die Zusammenhänge zu erkennen.

Abc des Grundwissens

Fachausdrücke und Begriffe der praktischen Arbeit

A

Abraum: bergmännischer Ausdruck für unbrauchbares Gestein
Aggregat, kristallines: gruppenweise Anhäufung zumeist sehr kleiner Kristalle
Alpine Kluft: Hohlraum im kompakten Gestein einer Alpenregion, häufig mit Kristallvorkommen
Alter Mann: ausgeräumter hohler Grubenraum unter Tage, der durch sogenannten Bergeversatz wieder aufgefüllt wird
amorph: gestaltlos, ohne Ordnung ausgebildet
Anflug: schwacher Belag von sehr kleinen Mineralkristallen
Anlauffarben: Durch Oxydation entstandener, farbiger Schimmer auf Mineralien
anstehen: vorkommen, zu finden
Asterismus: Widerspiegelung von Licht bei Kristallen in Strahlenform
atomarer Gitterbau: gesetzmäßige Anordnung der Atome beim einzelnen Mineral
aufgelassen: nicht mehr in Betrieb, aufgegeben

Aufschluß: natürlich oder künstlich herbeigeführte Freilegung einer Stelle der Erdoberfläche

ausbrennen: Vernichtung eines störenden Mineral-Anteils auf einer Kristallstufe mittels ätzender Säure

B

Belegstück: Gesteins- oder Mineralprobe von einem bestimmten Fundort

Bewetterung: Anlagen für die Frischluftzufuhr im Untertage-Bergbau

Binokular: Mit Auflicht versehenes Doppelmikroskop für die Vergrößerung kleiner und kleinster Fundstücke

Blindschacht, Tagesschacht: vertikal verlaufender Verbindungsweg zwischen den einzelnen Sohlen unter Tage, gleicher Weg mit oberer Öffnung ins Freie

Brecher: Zerkleinerungsmaschine oder -gerät im Bergbau

Brekzie: verkittetes Gesteinsstück mit eckig gebliebenen Trümmerteilen

Bruch: Erkennungs-, Bestimmungsmerkmal bei Kristallen

D

Dendriten: farnähnliche Zeichnungen im Gesteinsgefüge, die chemisch zustandekamen, mit Pflanzen nichts zu tun haben

derb: kompakt, massig, ohne nennenswerten Kristallbestand

Dichroismus, Pleochroismus, Trichroismus: Zweifarbigkeit infolge Doppelbrechung des Lichtes, Mehrfarbigkeit und Dreifarbigkeit im gleichen Sinn

Dispersion: Farbzerstreuung bei auftreffendem Licht

Doppelender: mit zwei Spitzen nebeneinander ausgebildete Kristallgruppe

Druse, Geode: mit zumeist wandständig angeordneten Kristallen ausgekleideter Hohlraum im Gestein

Dünnschliff: Methode, durch Herstellung einer dünn geschnittenen, geschliffenen Gesteinsprobe die mikroskopische Untersuchung zu erleichtern

Durchkreuzungszwilling: ineinander verwachsener, sich kreuzender Doppelkristall

Tafel 1: ganz oben links hellroter Calcit, Fischbachtal bei Idar-Oberstein; darunter geäderter, blutroter Jaspis, Raum Birkenfeld/Baumholder; rechts oben Kreisachat, darunter artgleicher Fund mit Festungsachat-ähnlicher Zeichnung, beide von Reichweiler nahe Idar-Oberstein; Wiedergaben in genau $^1/_2$ der Originalgrößen.

Tafel 2: oben Brauner Glaskopf (Limonit) von Huth im Siegerland; links darunter Markasit, Siegerland; daneben Siderit mit Kupfer- kies auf Quarz, von der Grube Eupel, Siegerland; Wiedergabe in genau ¹/₂ der Originalgrößen.

Durchsichtigkeit: Erkennungs-, Bestimmungsmerkmal bei Kristallen

E

Edelstein, Halbedelstein, Schmuckstein: Edelsteine: durch besondere Härte, farbliches Feuer, Glanz, Durchsichtigkeit hervorstechende Kristalle. – Halbedelsteine: veralteter, nicht mehr benutzter Begriff, bezog sich früher auf Schmucksteine unterhalb der Edelstein-Wertigkeit. – Schmucksteine: Sammelname für alle zur Herstellung von Schmuck geeigneten Kristalle, deren kostbarste Vertreter als Edelsteine gelten

einfahren, befahren: bergmännischer Ausdruck für den Transport zum Abbau

Einschluß: äußerlich sichtbare Beimengung eines anderen Minerals, von Luftblasen oder fest umschlossenem Wasser

Element: nicht mehr weiter zerlegbarer chemischer Grundstoff

Erz: Mineral oder Mineralverbindung mit industriell nutzbarem, metallischem Gehalt

Etikett, Fundetikett: allgemein gebräuchliches Hilfsmittel zur näheren Definierung einzelner Fundstücke, in Form kleinerer Karten

Exkursion: Lehr- und Lernausflug, Sammelfahrt

F

Farbe: äußeres Bestimmungsmerkmal bei Gestein, Mineral, Kristall (Strichfarbe = Strich usw.)

Farbfälschung: künstlich herbeigeführte Veränderung der natürlichen Farbtönungen an Mineralstufen oder Einzelkristallen

Feuer: durch Farbzerstreuung und Glanz hervorgerufener, starker optischer Anreiz

Flotation: unterschiedlich angewandtes Verfahren zur Trennung von erzhaltigem und nutzlos taubem Gesteinsmaterial, auch zur Trennung bestimmter, einzelner Erze voneinander

Fluoreszenz: = Lumineszenz

formatisieren: Zurechtklopfen, -schlagen eines Fundstückes

Fossilien: Überreste oder plastische, im Gestein erhaltene Formen von tierischen und pflanzlichen Organismen der früheren Erdgeschichte

fündig: ergiebig, ein Vorkommen enthaltend, beim Sammler auch im übertragenen Sinne: mit Glück bedacht, erfolgreich

Fundort, Fundpunkt, Fundstelle: näher beschriebene Stelle, an der etwas Bestimmtes gefunden wurde, für Etiketten und Karteien unerläßlich

G

Gang: mit Erzen, Mineralgemengen angereicherte Spalte im Gestein

Gangart: nicht nutzbares, von Erzen freies Gesteinsmaterial

Geiger-Zähler: Gerät zum Nachweisen radioaktiver Strahlungen

Gemme, Kamee: vertieft geschnittener Stein, erhaben geschnittener Stein

Gemmologie: Edelsteinkunde

Geode: = Druse, Geode

Geröll: durch äußere Einwirkungen fortbewegtes, rund abgestoßenes, meist glatt geschliffenes Gesteinsmaterial

Geschiebe: von Gletschern weitertransportiertes Gestein

Gesenk: bergmännischer Ausdruck für einen Transportschacht

getrommelt: Bezeichnung für das Massengut kleinerer Kristalle und Schnittreste, die in trommel-ähnlichen Geräten rund und glatt geschliffen werden

Glanz: Erkennungs- und Bestimmungsmerkmal bei Kristallen

Grubenplan, Seigerriß: Grundriß (Aufsicht) und Querschnitt (seitliche Ansicht) einer Bergwerksanlage, gewöhnlich unter dem Begriff Grubenplan zusammengefaßt

H

Habitus, Tracht: Gesamterscheinung und spezielle Ausformung eines einzelnen Kristalls; Summe der an einem Einzelkristall feststellbaren Flächen und deren Beziehung zueinander

Härte, Ritzhärte: Erkennungs- und Bestimmungsmerkmale bei Kristallen

Halbedelstein: = Edelstein usw.

Halde: zum Berg aufgehäuftes, unbrauchbares Nebengestein, oft auch abgeschüttet an einem freien Hang

Handstück: Gesteins- oder Mineralfund im etwaigen Ausmaß zwischen einem halbierten Apfel und einer Faust

Hunt: offener Förderwagen im Bergbaubetrieb

I

Imitation: Nachahmung eines Schmuck- oder Edelsteins mit Hilfe eines industriell hergestellten, äußerlich ähnlichen Materials

K

Kamee: = Gemme, Kamee

Kamin: senkrechter, schmaler Riß in einem hoch-alpinen Gesteinsverband, gelegentlich hinweisend auf bestimmte Mineralvorkommen

Kantenlänge: häufig benutzter Begriff für die Größendarstellung und nähere Erklärung einer Stufe, eines Einzelkristalls

Kar: breitflächiger Geröllhang vor alpinen Felsmassiven

Karat: international gültige Gewichtseinheit für Edelsteine (ein fünftel Gramm), auch gebräuchlich für bestimmte Gehalte bei Legierungen

Kaue: Gebäude über oder neben einer Schachtmündung, im engeren Sinne auch Umkleide- und Waschraum der Bergleute

Keil: Hilfsmittel zum Aufspalten größerer Gesteinskomplexe

kleben: zweifelhafte, abzulehnende Methode, beschädigte Stufen mittels Klebstoff wieder »komplett« zu machen; auch vorsätzliches betrügerisches Unterfangen, ganze Kristallgruppen nach gleicher Machart zu »montieren«

Kluft: = Alpine Kluft

Knolle: rundliche, kugelige Ausbildung bei verschiedenen Mineralien (beispielsweise Markasit, Horn-, Feuerstein)

Konglomerat: verkittetes Gesteinsstück mit gerundeten Trümmerteilen

Konkretionen: zu Knollen und ähnlichen, unregelmäßigen Gebilden ausgeformte, kalkhaltige Aggregate von Mineralien

Kristallgitter: = atomarer Gitterbau

kristallin: im Amateurbereich oft benutzter Ausdruck für Fundstücke mit ansprechender, guter Kristallausbildung, streng unterscheidend vom weniger reizvollen »derb«

Kristallkeller, Kristallhöhlen: mit Mineralien ausgekleidete, hohlräumige Drusen im deutlich vergrößerten Maßstab, im alpinen Gebiet wiederholt Fundstätten riesenhafter Kristallgruppen

Kristallographie: Beschreibung der Kristalle nach ihrem gesetzmäßig symmetrischen Aufbau

Kristallsystem: genau abgrenzbare, vom atomaren Gitterbau bestimmte Gruppierung von kristallinen Wachstums- und Erscheinungsformen

kryptokristallin: Nebeneinander von winzigsten Kristallen, die selbst bei sehr starker Vergrößerung nicht einzeln zu erkennen sind.

Kumpel: Bergarbeiter

L

Lagerstätten, Minerallagerstätten: örtlich begrenzte Vorkommen bestimmter Mineralien oder Mineralgemenge, mit besonderem Akzent auf wirtschaftlicher Nutzbarkeit

Lagerung: Fachausdruck für die Anordnung der Gemengteile, Mineralien und Kristalle innerhalb eines Gesteinsverbandes

Lötrohr-Untersuchung: Verfahren, mit Hilfe eines Lötrohres und ergänzender Labor-Materialien ein Mineral exakt zu bestimmen

Lumineszenz: Eigenschaft von Kristallen, unter Einfluß von ultraviolettem Licht oder chemisch-physikalischen Mitteln aufzuleuchten (Aufhören der Erscheinung nach Ende der Beeinflussung = Fluoreszenz, länger anhaltendes Nachleuchten = Phosphoreszenz)

lupenrein: positive fachliche Beurteilung eines Kristalls, sofern er auch bei zehnfacher Vergrößerung unter der Lupe keine wertmindernden Einschlüsse oder gar Risse aufweist

M

Magma: Sammelbegriff für die tief im Erdinneren angesammelten, zähflüssigen, auf Temperaturen von über 1000° erhitzten

Magmen, die im wissenschaftlichen Bereich der Geologie und Mineralogie von allergrößter Bedeutung sind

Magnetismus: die Eigenschaft relativ weniger Mineralien, Eisen anzuziehen (Magnetit / Magneteisenerz, Pyrrhotin / Magnetkies / Magnetopyrit u. a.)

Markscheider: Fachmann für die Vermessungsarbeiten im Bergbau

Metamorphose: Umwandlung eines Gesteins, bei wesentlicher Änderung der in ihm vorhandenen Mineralbestände

Metasomatose: Verdrängung von widerstandsschwachen Gesteinskomplexen durch neugebildete Mineralsubstanzen

Micromounts: Kleinststufen bis maximal Haselnußgröße, die kein Raumproblem aufwerfen, stereo-mikroskopisch betrachtet werden und immer mehr Freunde finden

Mineralienbörse: für Kauf und Verkauf, Tausch, aktuelle Studien, Vorführungen und besondere Schaustellungen bestimmte Veranstaltung, manchmal zeitlich gekoppelt mit Zusammenkünften und fachlichen Vorträgen

Mineralklassen: gemäß den chemischen Zusammensetzungen geordnete Gruppen von Mineralien, häufig auch als »Stoffklassen« bezeichnet

Mineralogie: Lehre von der Entstehung, den Vorkommen und der Beschaffenheit der Mineralien, schon seit längerem gegliedert in Allgemeine und Spezielle Mineralogie

Modifikation: Kristallbildung eines Minerals in mehreren, unterschiedlichen Formen, in der Wissenschaft durch den Begriff »polymorph« (vielgestaltig) ergänzt

Mohs-Härte, Mohs'sche Härteskala: = im folgenden Kapitel

Mundloch: Eingang, Öffnung eines Schachtes oder Stollens

Mure: aus Gestein, Erde, Splitterholz bestehende Lawine

Muttergestein: Gestein, auf dem sich Mineralkristalle ausbilden konnten, für den Sammler eine ständige Begleiterscheinung seiner Eigenfunde

N

Nest: Bezeichnung für eine kristalline Einlagerung in kompaktem, umgebendem Gestein, speziell bei kleinem, nest-artigem Aussehen

Nicht-Mineralien: gelegentlich benutzter Ausdruck, der sich auf Gagat (Jet), Kieselholz, Korallen, Perlen u. a. bezieht

O

Ort: bergmännischer Ausdruck für das Ende einer »Strecke«, an der gerade abgebaut wird

Oxydation: chemische Umsetzung, Umwandlung durch Hinzutreten von Sauerstoff

Oxydationszone: oberster Bereich einer Erzlagerstätte, der bereits den Einflüssen der Atmosphäre ausgesetzt ist, im Bergbau »Eiserner Hut« genannt

P

Paragenese: Gemeinschaft, Vergesellschaftung von Mineralien, sinngemäß eine »Nebeneinander-Entwicklung« unter denselben Bedingungen

Perlen: den Schmucksteinen, nicht aber den Mineralien zugerechnete, kleine Kugeln aus kohlensaurem Kalk, bei den Fachleuten unterteilt in echte Perlen, Zuchtperlen und Perl-Imitationen

Petrefakten: = Fossilien

Petrographie: Lehre von den Gesteinen, Zweig der geologischen Wissenschaft

Phantombildung: durch Unterbrechungen während des Wachstums, Eindringen und Ablagerung von Fremdmineralien verursachte Erscheinungen im Inneren von Kristallen (Phantomcalcit, Phantomquarz u. a.)

Phosphoreszenz: = Lumineszenz

Pleochroismus: = Dichroismus usw.

Prospektor: Fachmann für die Erkundung abbauwürdiger, wirtschaftlich interessanter Mineralvorkommen oder anderer Bodenschätze

Pseudomorphose: vom Gesetzmäßigen abweichende Kristallbildung eines Minerals, schrittweise Umformung der Kristallformen in die eines artverwandten Minerals

Q

Querschlag: seitliches, vom Schacht ausgehendes Durchstoßen des Gesteins, Öffnen von »Strecken«, um zur Lagerstätte zu gelangen; im Bergbau erforderliche Aktion

R

radialstrahlig: Kristallbildung eines Minerals in fächerartiger Form

Rasen: Bezeichnung für eine aus zahlreichen, kleineren Kristallen bestehende, optisch sehr ansprechende Fläche

Rinne: tiefer Einschnitt in Felswandungen des Hochgebirges, der sich talwärts verbreitert, bei Unwetter zum reißenden Sturzbach wird; idealer, wenn auch stets gefährlicher Aufstiegsweg zu Mineralfundstellen

Ritzhärte: Erkennungs- und Bestimmungsmerkmal bei Kristallen

Rohling: noch nicht zurechtgeschlagenes (formatisiertes) Fundstück

Rose, Rosette: Kristallbildung eines Minerals in den genannten Formen (Hämatit / »Eisenrosen«, Baryt, Gips u. a.)

Rutsche: Einrichtung im Bergbau für den Abtransport des Förderguts

S

Satz: Bezeichnung für einen deutlich sichtbaren Absatz an einer Felswand, der horizontal oder etwas schräg verläuft und vielfach auf das Vorhandensein einer Kluft hinweist

Schacht: vertikal eingetriebener Zugang im Untertagebau (= auch Blindschacht, Tagesschacht)

Schaustufe: meist größerer, mit Kristallen besetzter Mineralfund, der als Schauobjekt in die Vitrine oder an einen ähnlichen, auffallenden Platz gestellt wird; das gewöhnliche, mittlere Ausmaß einer Schaustufe liegt etwa bei der Größe einer quer liegenden Ananas

Schleife: Bezeichnung der in früherer Zeit mit Wasserkraft und anderen, einfachen Hilfsmitteln betriebenen Schleifer-Werkstätten (z. B. »Weiherschleife«, Idar-Oberstein)

Schleifen, Schliff: kunstvolle Bearbeitung von Schmuck- und Edelsteinen

Schmuckstein: = Edelstein usw.

schürfen: in der freien Natur nach Mineralvorkommen suchen; sehr unterschiedliche, gesetzmäßige Handhabung der Schürfrechte in den einzelnen Staaten

Sedimentgesteine: durch Ablagerung entstandene, neu formierte Absatz- und Schichtgesteine

Seifen: mineralogisch sehr ergiebige Lagerstätten von zumeist schwereren Mineralien, teils durch örtliche Absetzung und Konzentrierung, teils durch mechanische Einwirkungen (Flußwasser, Brandungen, Schwemm-Effekte) entstanden

Seigerriß: = Grubenplan, Seigerriß

Simili, Straß: Nachahmungen von Edelsteinen (z. B. »Glasbrillanten«) mit Hilfe von bleihaltigem Glas

Sohle: untere Begrenzung eines Grubenbaus bzw. Bezeichnung für die einzelne, bestimmte Abbau-Etage unter Tage

Sonne: Kristallbildung, die dem allbekannten Symbol einer strahlenden Sonne nahekommt

Spaltbarkeit: Erkennungs- und Bestimmungsmerkmal bei Kristallen

spezifisches Gewicht: = im folgenden Kapitel

Stalaktiten, Stalagmiten: von oben nach unten entwickelte, hängende Tropfsteingebilde, in umgekehrter Richtung hochgewachsene Gebilde gleicher Art; den sogenannten Sintergesteinen zugerechnet

Steiger: vielseitig ausgebildeter Fachmann für den Untertage-Bergbau; als Aufsichtsperson eingesetzt oder als Spezialist mit besonderer Aufgabe betraut (Elektro-Steiger, Wetter-Steiger usw.)

Stern: erstens kurze Bezeichnung für natürlichen Lichtstern, wie er bei verschiedenen Schmuck- und Edelsteinen vorkommt (Stern-Almandin, Sternsaphir u. a.); zweitens Name für eine Kristallbildung in sternförmiger, strahliger Anordnung

Stoffklassen: = Mineralklassen

Stollen: quer eingetriebener Verbindungs- und Transportweg

Stollenhals: Stollenzugang (auch Mundloch)

Strahler, Strahlstock: vom »strahlenden« Bergkristall abgeleiteter Name der berufsmäßigen oder halb-professionellen Mineralien- und Kristallsammler im gesamt-alpinen Raum; von vielen dieser Spezialisten mitgeführtes, stockähnliches Hilfsgerät, das auf verschiedenste Weise bei der Sucharbeit eingesetzt wird

Strahler, Richtlampe: schwenkbare, starke Leuchte, häufig mit gewölbtem Reflektor und in Kombination mehrerer solcher Lampen; bewährt als Hilfe bei Demonstrationen von Mineraliensammlungen

Straß: = Simili, Straß

Strich, Strichfarbe: Erkennungs-, Bestimmungsmerkmal bei Mineralien, Kristallen

Stufe: allgemein gebräuchliche Bezeichnung von Fundstücken, die aus Muttergestein und aus aufsitzenden Kristallgruppen bzw. Einzelkristallen bestehen

T

Tagesschacht: = Blindschacht, Tagesschacht

taub, »taubes Gebirge«: unnützes, nicht verwertbares Gestein im Bergbau

Teufe: im Bergbau: Tiefe

Tobel: enge Schlucht im Gebirge, gewöhnlich (und durchaus begründet) mit der Vorstellung eines dort vorhandenen Wildbaches verbunden

Tracht: = Habitus, Tracht

Trichroismus: = Dichroismus usw.

U

Überhang: Bezeichnung für Teile einer Felsformation oder oberste Partien an einer Steilwand, die über die normal verlaufende Wandung hinausragen und insofern für Menschen, die sich direkt darunter aufhalten, eine ernste Gefahr bedeuten; oft genug mißachtet, Ursache wiederholter schwerer Unglücksfälle

Urgesteine: schon seit langem nicht mehr gebräuchlicher Ausdruck für Gesteinsverbände aus der frühesten Erdgeschichte

UV-Beleuchtung, UV-Lampen: Spezialgeräte für die Anstrahlung von Mineralien und Kristallen mit ultraviolettem Licht (auch = Lumineszenz)

V

Varietät: Abart, farben- und formenmäßige Abwandlung eines Minerals

versteinertes Holz: unter Einfluß von Kieselsäure (Silizium-Dioxid) zu Stein gewordenes Holz

W

wandständig: Anordnung von Kristallgruppen oder Einzelkristallen entlang der Innenwände von Geoden, Drusen, Klüften, Kristallkellern

wirrstrahlig: Ausbildung von (zumeist nadel- oder stäbchenförmig gearteten Kristallgruppen in Strahlen mit unterschiedlicher Ausrichtung

Wilder Händler: Bezeichnung von Geschäftemachern, die im toten Winkel des seriösen Mineralienhandels agieren

Z

Zwilling: Verwachsung zweier Kristallkörper, als Berührungs- oder Durchdringungszwilling; Verwachsungen als Drillinge, Vierlinge und »Viellinge« ebenso bekannt

II. Unsere Schätze unter der Lupe

Wenn das Sammeln von Mineralien, verstanden als Freizeitfreude, auch in erster Linie eine Sache der Praxis und erst in zweiter Linie eine Sache der Theorie ist, kann es nur von Nutzen sein, zumindest die allerwichtigsten naturgegebenen Zusammenhänge zu erkennen. So wollen wir in diesem Kapitel versuchen, einen etwas tieferen Einblick in die Materie zu gewinnen – in die Entstehung, Ausformung und Bestimmung von Mineralien und Kristallen. Wobei es gleich zu Beginn unbedingt nötig ist, die elementarsten Begriffe und Fakten zu erläutern:

Wir unterscheiden bei den festen, dicht gefügten Bestandteilen der Erdkruste zwischen den *Gesteinen* und den *Mineralien*. Die Gesteine sind Zusammensetzungen, Gemenge von mehreren, auf natürliche Weise entstandenen Mineralien. Und die Mineralien – wie schon gesagt: durch Vorgänge in der Natur gebildet –, sind ihrer stofflichen Beschaffenheit nach einheitlich. Sie können Elemente sein, stellen aber zum weitaus größeren Teil Verbindungen von Elementen dar.

Was uns nun, als Sammler von schönen Mineralien, ganz besonders interessiert, ist ihre Fähigkeit, *Kristalle* auszubilden. Nahezu sämtliche Mineralien, die wir kennen – und man spricht bei enger, strenger Bemessung von rund 1850 einzelnen Arten –, haben diese Eigenschaft. Die Kristalle wiederum sind ebenso unmißverständlich zu definieren: Es sind durch ganz bestimmte Flächen begrenzte, feste Körper, also im geometrischen Sinne ganz exakt ausgeformte Gebilde mit gesetzmäßigem atomaren Gitterbau. Bei der erfahrungsmäßig und wissensmäßig fortschreitenden Sammeltätigkeit kommen wir demnach bald zu der

Erkenntnis, daß jedes Mineral seine eigene, unverwechselbare »Kristallstruktur« besitzt, wie es der Fachmann nennt.

Soweit nur die notwendige, voranzustellende Erläuterung der Grundbegriffe Gestein, Mineral und Kristall. Und automatisch sind wir schon bei der ersten Frage im größeren Zusammenhang: Auf welche Weise sind diese zahlreichen, arteigenen Mineralien entstanden? Die Beantwortung der Frage, wenn auch auf das Wesentlichste beschränkt, muß in Form einer systematischen Aufgliederung erfolgen. Wir haben es nämlich im tief gestaffelten Bereich der Mineral- und Kristallbildungen mit drei sehr unterschiedlichen Zyklen (Abfolgen) zu tun, welche sozusagen die Ursachen und Wirkungen dieser Bildungen auf eigene, besondere Art herbeiführen. Hier sind die drei verschiedenen Zyklen:

1. Magmatische Abfolge

Unter diesem Begriff sind alle jene Entstehungsvorgänge zusammengefaßt, die sich auf Mineralbildungen in den glutflüssigen, zähen Magmen (knetbaren Massen) des Erdinneren beziehen. Bei den aus diesen Entwicklungszonen an die Erdoberfläche gelangten Gesteinen wird deshalb auch häufig von magmatischen sowie von Schmelzfluß-, Erstarrungs- oder Eruptivgesteinen gesprochen. Die Vorgänge im Erdinneren können wir uns praktisch etwa so vorstellen: Geologisch bedingte Umwälzungen pressen gewaltige Massen von Magma in die höheren Bereiche der Erdkruste, es kommt zu enormen Druck- und Temperatursteigerungen, und je nach dem Verlauf der Abkühlungsprozesse und der chemisch-physikalischen Gesetzmäßigkeiten können sich Gesteine und einzelne Mineralarten bilden. Die Wissenschaft unterteilt diese Bildungsvorgänge noch in einzelne, durch absinkende Temperaturen gekennzeichnete Phasen und kann einwandfrei nachweisen, welches Mineral welcher bestimmten Bildungsphase tief unter der Erdoberfläche zuzuordnen ist. Die vorhin kurz angesprochenen, hohen Temperaturen bei den Vorgängen im Erdinneren bewegen sich, grob bemessen, zwischen 1200 und 100° Celsius.

2. Sedimentäre Abfolge

Die Bildung der Gesteine und Mineralien aus dem sedimentären Zyklus vollzieht sich — wie es die deutsche Übersetzung in

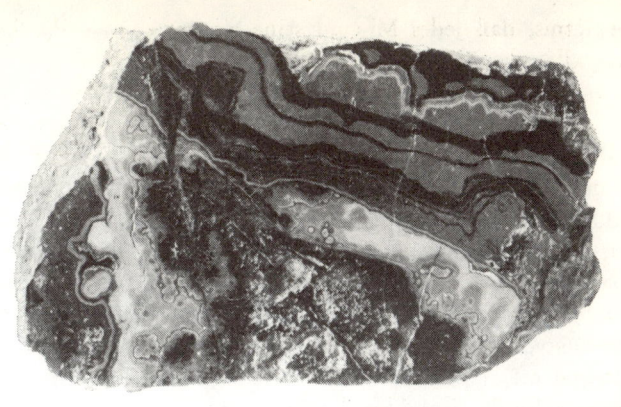

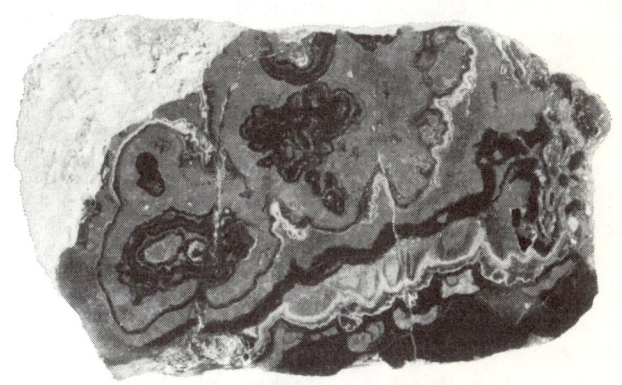

Beidseitige Wiedergabe einer geschnittenen Schalenblende von La Calamine, Belgien, ¹/₂ der Originalgröße.

»Absetzung« schon erklärt –, entweder durch äußere, mechanische Einflüsse oder infolge chemischer Umsetzungen, stofflicher Veränderungen. Als Beeinflussungen von außen her kommen Wasser und Wind, Frost und Gletschertätigkeit sowie die Einwirkung von Organismen in Betracht. Und als Ursachen für chemische Umformungen von Gesteinsgefügen können u. a. Zersetzungen durch Oxydation und Auslaugungen gelten. Verwitterung, Weitertransport, erneute Absetzung und Verfestigung sind die verbreitetsten Erscheinungsformen dieser Abfolge.

3. Metamorphe Abfolge

Zu dieser Kategorie zählen keine Erstbildungen von Gesteinen und Mineralien, sondern deren stoffliche Umwandlungen in verschieden tiefen Schichten der Erdkruste. Die Umbildungen von Gesteinsgefügen oder Mineralbeständen können durch Druck- und Temperaturänderungen verursacht werden, auch durch Hinzutreten von Nebengesteins-Schmelzen oder freigesetzten, eindringenden Dämpfen und Gasen. Die sogenannten »Kristallinen Schiefer«, an ihrem dichten, »aufgepreßten«, parallel verlaufenden Gefüge zu erkennen, sind typische Vertreter dieser Umwandlungsgesteine. Im Verlauf von Metamorphosen kommt es häufig zur Ausbildung von auffallend großen, ansprechenden Kristallen.

Auf der Grundlage dieser Vorkenntnisse können wir nun dazu übergehen, die chemisch begründete Aufteilung der Mineralien in einzelne »Stoffklassen« zu notieren. Abgesehen von den relativ wenigen organischen Verbindungen – beispielsweise dem Bernstein, der aus versteinertem Harz von Nadelbäumen besteht – ergibt sich folgende Gliederung:

Klasse I	*Elemente*
	Diamant, Gold, Graphit, Kupfer, Platin, Schwefel, Silber, Wismut
Klasse II	*Sulfide*
	Als Beispiele: Arsenkies, Bleiglanz, Kupferkies, Magnetkies, Markasit, Molybdänglanz, Pyrit, Realgar, Spießglanz, Zinkblende
Klasse III	*Halogenide*
	Als Beispiele: Fluorit (Flußspat), Kryolith, Steinsalz
Klasse IV	*Oxide und Hydroxide*
	Als Beispiele: Chrysoberyll, Cuprit, Hämatit, Limonit, Magnetit, Opal, Pechblende, Quarz, Rutil, Spinell, Uranpecherz, Zinnstein
Klasse V	*Nitrate, Carbonate, Borate*
	Als Beispiele: Aragonit, Azurit, Calcit, Cerussit,

| | Dolomit, Malachit, Manganspat, Siderit, Zinkspat |
| Klasse VI | *Sulfate, Chromate, Molybdate, Wolframate* |

Klasse VI   *Sulfate, Chromate, Molybdate, Wolframate*
Als Beispiele: Anglesit, Baryt (Schwerspat), Coelestin, Wulfenit

Klasse VII   *Phosphate, Arsenate, Vanadate*
Als Beispiele: Apatit, Descloizit, Lazulith, Mimetesit, Pyromorphit, Torbernit, Türkis, Vanadinit, Vivianit

Klasse VIII   *Silicate*
Als Beispiele: Andalusit, Augit, Beryll, Chlorit, Epidot, Feldspat, Glimmer, Granat, Hornblende, Lasurit, Nephelin, Olivin, Prehnit, Serpentin, Sillimanit, Sodalith, Spodumen, Strahlstein (Aktinolith), Talk, Titanit (Sphen), Topas, Turmalin, Vesuvian, Zirkon, Zoisit

Anmerkung: Geographisch bezeichnete Vorkommen eines großen Teils der hier genannten Mineralien sind weiter hinten in der Übersicht aufgeführt: »Was finden wir wo?«

Merkmale zur Bestimmung

Das Erkennen von Mineralien und Kristallen ist eine Sache der Übung, der Erfahrung, und die genaue Bestimmung – quasi als hundertprozentige Bestätigung des Erkannten –, ist ebenso eine Sache der ständigen Übung, der wachsenden Erfahrung. Sicher ist es schon einem Anfänger möglich, ein Stück Rosaquarz von einem Stück Milchquarz, eine Stufe mit hellen Bergkristallen von einer Stufe mit braunschwarzen Rauchquarz-Kristallen zu unterscheiden. Da aber das Reich der Mineralien riesengroß ist und ihre gesamte Anzahl bei Hinzurechnung aller Varietäten, Umwandlungsprodukte, Doppel- und Dreifachbezeichnungen heute bei rund 3600 liegt, ist es fraglos ein Gewinn, wenn man zumindest die bekanntesten Mineralien mühelos und einwandfrei bestimmen kann.

Es gibt nun eine ganze Reihe von nützlichen Erkennungs- und Bestimmungsmerkmalen, die wir zu Hilfe nehmen, um letztlich »klar zu sehen«. Wenn wir als Amateure auf allzu spitzfindige

Methoden wie Lötrohrproben und chemische Analysen verzichten, stehen folgende Möglichkeiten zu unserer Verfügung:
Erkennung des betreffenden Kristallsystems (1).
Fixierung der äußeren Farbe und der Strichfarbe (2).
Feststellung der Härte und Spaltbarkeit (3).
Beurteilung des Glanzes und der Durchsichtigkeit (4).
Die Bestimmung des spezifischen Gewichts (5).
Ziehen wir dann noch, zusätzlich, mehrere Bestimmungsbücher vergleichend zu Rate, so kann wirklich nichts mehr schiefgehen. Und jetzt erklären wir die einzelnen Chancen, Punkt nach Punkt:

• Kristallsystem

In Vereinfachung, Zusammenfassung der insgesamt 32 Kristallklassen, wie sie von den Wissenschaftlern zugrundegelegt werden, können wir uns hier auf sieben verschiedene Kristallsysteme beschränken. Dabei lassen wir ganz außer acht, daß die Kristalle auf unseren Fundstücken sehr häufig verformt, verzerrt, durch Wachstumsbehinderungen oder andere Einflüsse nicht so exakt ausgebildet sind, wie es nach der Gesetzmäßigkeit des betreffenden Systems der Fall sein sollte. Auch müssen wir im Rahmen dieser kurzen Erläuterungen davon absehen, auf die möglichen Modifikationen einzugehen, Kristallbildungen des gleichen Minerals nach unterschiedlichen Systemen. Wir merken uns vor allem, daß jedes einzelne Mineral einen ganz bestimmten atomaren Gitterbau hat und nur nach dieser klaren, geometrischen Ordnung seine Kristalle entwickeln kann. Mit der Zeit wird es jedem, der beim Sammeln, Erkennen und Bestimmen Fortschritte macht, möglich sein, schon anhand der Kristall-Ausprägungen zum eindeutigen Ergebnis zu kommen. Hier sind nun die sieben Formengruppen:

Hexagonales System: Drei gleich lange (»gleichwertige«), in horizontaler Ebene liegende Achsen, auf denen die ungleichwertige Hauptachse steht; sechsseitige Ausbildung der Kristalle (s. S. 49).
Trigonales (oder trigonal-rhomboedrisches) System: Gleiche Achsen und Winkel wie beim hexagonalen System, nur mit der Unterscheidung, daß der Querschnitt der Prismen-Grundform dreieckig, nicht sechseckig ist; rhomboedrische oder dreiseitige Ausformung der Kristalle (s. S. 49 unten).

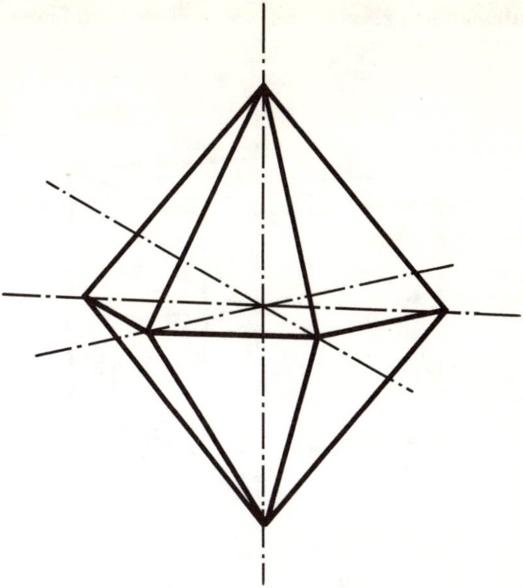

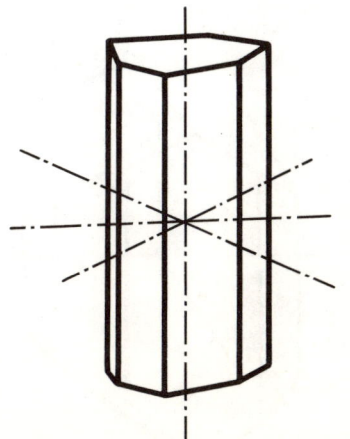

Kubisches System: Die drei gleich langen Achsen stehen senkrecht aufeinander; reguläre oder würfelige Ausbildung der Kristalle.

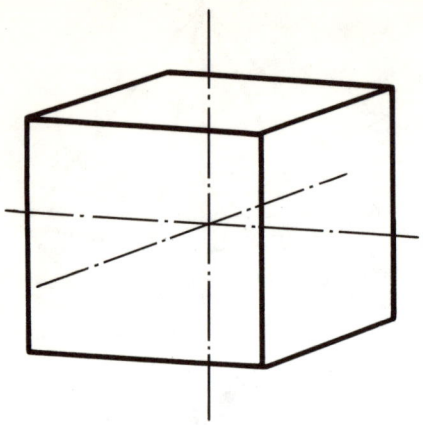

Monoklines System: Die drei ungleich langen Achsen schneiden sich unter einem schiefen Winkel; einfach-geneigte Kristallausformung.

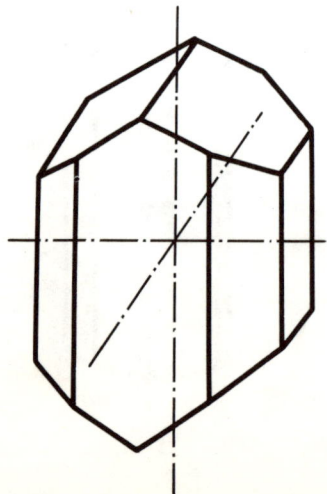

Rhombisches (oder orthorhombisches) System: Die drei verschieden langen Achsen stehen senkrecht zueinander; orthorhombische Ausbildung der Kristalle.

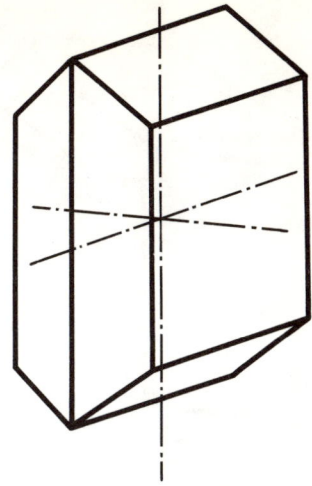

Tetragonales System: Zwei senkrecht zueinander stehende, gleichwertige Achsen mit einer wiederum senkrecht zu ihnen angeordneten Hauptachse, die ungleichwertig ist; quadratische oder vierseitige Ausformung der Kristalle.

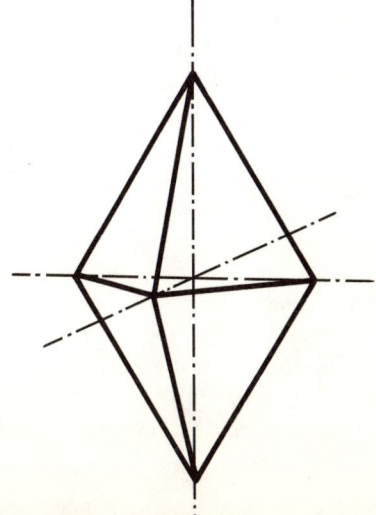

Triklines System: Alle drei Achsen sind verschieden lang und stehen schief zueinander; dreifach-geneigte Kristallausbildung.

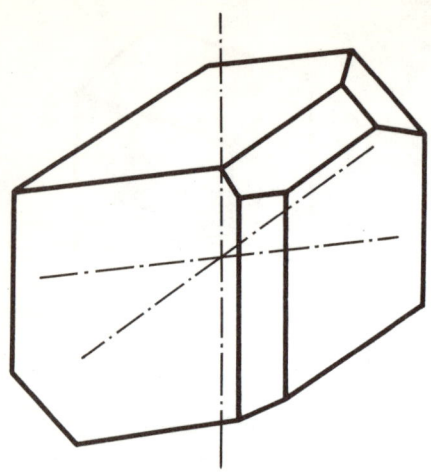

● **Äußere Farbe und Strichfarbe**

Die äußerlich wahrnehmbaren Farben der Mineralien bieten wohl Anhaltspunkte für die Erkennung und Bestimmung, dürfen aber nicht überbewertet werden. Grund: infolge physikalischer Einwirkungen, von Licht oder Hitze beeinflußt, auch infolge von Beimengungen oder Verunreinigungen, haben sich die wahren Eigenfarben der Mineralien häufig total verändert. Hinzu kommt noch, daß zahlreiche Mineralien in mehreren, unterschiedlichen Farben auftreten. Genau genommen ist es nur bei einer ganz geringen Anzahl von Mineralien möglich, allein aufgrund der äußeren Farbwirkung auf ihre Namen zu schließen.

Weitaus zuverlässiger ist der sogenannte »Strich«. Hierunter verstehen wir jene Farbe, die sich auf einer unglasierten kleinen Porzellantafel (»Strichtafel«) abzeichnet, sobald wir mit dem zu bestimmenden Mineral in mäßigem Druck darüber hinwegfahren. Die Strichfarbe verrät die wirkliche Eigenfarbe des Minerals und ist insofern eine Bestimmungshilfe ersten Grades. In der Fachliteratur, die sich mit der Ausdeutung von Mineralien und Kristallen befaßt, finden wir deshalb laufend Beziehungen auf die jeweiligen Strichfarben.

• Härte und Spaltbarkeit

Unter *Härte* und *Ritzhärte* versteht man den Widerstand, den ein Mineral einer anderen, noch härteren Materie entgegensetzt. Noch einfacher ausgedrückt: Jedes Mineral kann von den härteren Mineralien geritzt werden und hat seinerseits die Fähigkeit, alle weicheren Mineralien zu ritzen. Als Handhabe für diese Art von Vergleichen dient die sogenannte »Mohs'sche Härteskala«, eine Aufteilung in zehn Härtegrade, die der Mineraloge Friedrich Mohs (1773–1839) zur allgemeinen Anwendung empfohlen hatte. Die Skala, aufgebaut vom tiefsten bis zum höchsten Härtegrad, besagt im einzelnen:

Härte 1: sehr weich, mit dem Fingernagel ritzbar – beispielsweise Talk

Härte 2: um weniges härter, auch noch mit dem Fingernagel ritzbar – zum Beispiel Gips, Steinsalz

Härte 3: schon wesentlich härter, mit einer Kupfermünze ritzbar – beispielsweise Calcit

Härte 4: mittelhart, von Glas oder einem Taschenmesser zu ritzen – zum Beispiel Flußspat

Härte 5: wieder etwas härter, mit dem Taschenmesser noch ritzbar – beispielsweise Apatit

Härte 6: bereits an der oberen Grenze der mittleren Härten, nurmehr mit der Stahlfeile ritzbar – zum Beispiel Orthoklas (Feldspat)

Härte 7: deutlich härter, »schreibt« auf Glas – beispielsweise Quarz

Härte 8: ritzt den schwächeren Quarz, schon im Bereich der »Edelsteinhärten« – zum Beispiel Topas

Härte 9: ritzt den weicheren Topas, wird andererseits vom Diamanten geritzt – beispielsweise Korund

Härte 10: Diamant als höchster Härtegrad, nicht ritzbar

Die *Spaltbarkeit* der Mineralien ist eine weitere Hilfe beim Bestimmen. Sie steht logischerweise in direktem Zusammenhang mit der jeweiligen Härte. Von genaueren, einzelnen Abstufungen hier ganz abgesehen, haben wir es in der Praxis mit drei

Möglichkeiten zu tun – mit einer ausgezeichneten, »sehr vollkommenen«, einer normalen und »vollkommenen« sowie mit einer weniger günstigen, »unvollkommenen« Spaltbarkeit. Die eben benutzte dreistufige Gliederung ist allgemein gebräuchlich.

Als ergänzendes Merkmal hat der sogenannte »Bruch« zu gelten. Er kennzeichnet die Beschaffenheit der Bruchflächen, wenn wir ein Mineral im Sinne des »Formatisierens« oder zum Zweck näherer Studien gespalten bzw. seitlich zugeschlagen haben. Der Bruch kann sehr verschieden ausfallen – um nur einige Bezeichnungen der Fachleute zu nennen: eben und uneben, glatt und erdig, faserig, muschelig, hakig und splitterig.

● **Glanz und Durchsichtigkeit**

In bezug auf diese beiden Erkennungsmerkmale können wir uns kurz fassen: der Glanz eines Minerals und im speziellen eines Kristalls hängt davon ab, inwieweit das auftreffende Licht absorbiert, also »geschluckt« oder wieder reflektiert wird; die Durchsichtigkeit der Mineralien und insbesondere der Kristalle ist ebenfalls bei Lichteinfall am besten zu beurteilen, muß aber auch als optische Auswirkung der jeweiligen stofflichen Beschaffenheit betrachtet werden. Die üblichen Unterscheidungen, wie wir sie in den Bestimmungsbüchern vorfinden, sind folgende:
Glanz = Diamantglanz – Fettglanz – Glasglanz – Halbmetallglanz – Metallglanz – Perlmutterglanz – Seidenglanz
Durchsichtigkeit = durchsichtig – halb-durchsichtig – durchscheinend – undurchsichtig

● **Spezifisches Gewicht**

Wenn wir ein Fundstück – möglichst einen einzelnen Kristall! – mineralogisch so gewissenhaft »einkreisen« wollen, daß die Bestimmung keinerlei Zweifel mehr zuläßt, dann ist die Feststellung des *spezifischen Gewichts* eine sehr gute, zusätzliche Hilfe. Frage: Wie ist eine solche Feststellung durchzuführen? Antwort, an einem praktischen Beispiel erläutert:
Wir haben zu ergründen, um wieviel mal schwerer ein Kubikzentimeter unseres Minerals als ein Kubikzentimeter Wasser ist, gemessen in Gramm. Da wir ja in der Schule immer gut aufgepaßt haben, ist auch jene Berechnungsformel unvergessen, die

da sagt: Gewicht geteilt durch Volumen ergibt das spezifische Gewicht. Wir legen also zunächst das Prüfobjekt auf eine Waage und notieren sein genaues Gewicht. Dann nehmen wir einen Meßbecher, füllen ihn bis zu einem bestimmten Teilstrich auf der Skala mit Wasser auf und legen unser Teststück hinein. Die jetzt entstehende Differenz, gemessen in ccm, ergibt das Volumen, den Rauminhalt des Prüfobjektes. Wir brauchen nur noch die Formel anzuwenden, und das spezifische Gewicht steht fest.

Damit sind wir am Ende der Erläuterungen zu Erkennungs- und Bestimmungsmerkmalen an Mineralien und Kristallen. Die anschließende Überschau soll uns nun mit dem Namen, Farben und Fundstätten der bekanntesten Mineralien bekannt machen.

Mineralien in der Überschau: Was finden wir wo?

Auswahl mit regionalen Hinweisen – Vorkommen im westlichen Europa bevorzugt – F = Farben, äußerlich – S = Farben des Striches – E = Einzelheiten zur Erscheinungsform – V = Vorkommen

A

Achat, aus feinsten Fasern bestehende, in Lagen von wechselnder Färbung aufgebaute, radialstrahlig ausgebildete Varietät des Chalcedon, der zur Mineralgruppe Quarz gehört. F von hellsten Gelb- und Grautönen bis zum tiefsten Braun und Blauschwarz / S weiß / E Ausbildung in Knollen, Kugeln, Mandeln, von Apfelgröße bis zu Ausmaßen eines Kürbisses / V Rheinland-Pfalz, Frankreich, Italien, Brasilien, Uruguay, USA, Madagaskar, Indien, Borneo. – Bezeichnungen je nach Bänderung, Farbe und Form als: Augenachat, Bandachat (Bänderachat), Dendritenachat, Donnerei, Festungsachat, Korallenachat, Kreisachat, Landschaftsachat, Moosachat, Punktachat, Ringachat, Röhrenachat, Schichtachat, Sternachat, Trümmerachat, Wasserachat (mit Einschluß von Flüssigkeit), Wolkenachat.
– siehe auch = Chalcedon und Quarz

Adular, Mineral aus der Feldspat-Gruppe, Varietät der Kalifeldspate. F weiß, weißgrau, grüngrau, als »Mondstein« mit leicht bläulichem Schimmer / S weiß / E Kristalle vorwiegend mit schwachem Perlmutterglanz, Zwillingsbildung häufig / V auf alpinen Klüften (Schweiz, Ostalpen), Ceylon.

Aktinolith, Strahlstein, Mineral aus der Hornblende-Gruppe. F grün, grau, weiß / S weiß / E Aggregate mit wirrstrahlig angeordneten, faserigen, stengeligen Kristallen / V Harz, Tirol (Zillertal), Salzburg (Rauriser Tal), Kärnten, Polen.

Albit, Varietät der Plagioklase innerhalb der Feldspat-Gruppe. F weiß, gelb, rot / S weiß / E Kristalle mit glasigem Glanz, nur selten durchsichtig / V Alpenraum (Schweiz, Tirol, Salzburg), Skandinavien, UdSSR.
– siehe auch = Plagioklas

Almandin, Eisentongranat, Mineral der Granat-Gruppe. F rot, rotbraun, violett, seltener schwarz / S weiß / E Kristalle kubisch ausgebildet, durchscheinend bis durchsichtig / V Österreich (Ötztaler und Zillertaler Alpen), Schweiz (Kanton Graubünden), Ceylon, Südafrika.
– siehe auch = Granat

Amethyst, Varietät von Quarz, durch Strahlungseinflüsse verfärbt, als Edelstein weltweit geschätzt. F violett, mit zahllosen Nuancen von hellrosa bis tief dunkelblau, häufig mit rostbraunem Belag / S weiß / E Ausbildung fast ausschließlich in Drusen, wandständige Anordnung der Kristallgruppen, Zwillingsbildung oft, Bruch muschelig / V Rheinland-Pfalz (Raum Idar-Oberstein), Tirol (Zillertal), Salzburg, Irland, Schottland, Schweden, Kanada, USA, Brasilien, Uruguay, Südwestafrika (Otjiwarongo), Madagaskar, Ceylon.

– siehe auch = Quarz

Amiant(h), dicht-filziges, feinfaseriges Mineral aus der Gruppe der Hornblende-Asbeste, je nach der Ausbildung im Volksmund als Berghaar, Bergholz, Bergleder bezeichnet. F grün, weiß, grau / S weißgrau / E Rasen und Filzverflechtungen mit Calcit, Epidot und Periklin häufig, bei hellem Seidenglanz besonders ansprechend / V Ostalpen (Sulzbachtäler, Hollersbachtal im Land Salzburg), Erzgebirge, Ural, Kanada, USA, Südafrika (Transvaal).

Anatas, Titan-Oxid mit weiter Verbreitung / F gelb, graubraun, zimtfarben, blauschwarz / S weiß, gelblich grau / E Kristalle zumeist nur wenige Millimeter groß, Ausbildung in

Doppelpyramiden / V Harz, Hohe Tauern, Kärnten, Zillertal, Zentralschweiz, Brasilien, UdSSR.

Andalusit, Mineral aus den Bereichen von Gneisen, Glimmerschiefern, aber auch auf Erzgängen anzutreffen / F rötlich grau, gelb, rosa / S weiß / E Kristalle rhombisch, glasglänzend, nur ganz selten durchsichtig, hohe Härte / V Fichtelgebirge, Erzgebirge, Ostschweiz, Tirol, Spanien, Algerien, USA, Südafrika.

Apatit, phosphorhaltiges Mineral, dessen Name »der Täuschende« auf leichte Verwechslungen hindeutet. F grünblau, rot, violett, weiß / S weiß / E Kristalle mit sechsseitigen Prismen, mittlere Härte, durchsichtig bis trüb / V Odenwald, DDR, Tirol (Zillertal), Salzburg, Ural, Raum Baikalsee, Südwestafrika (Roessing-Berge).

Aquamarin, meerwasserblaue Varietät des Beryll, als Edelstein außerordentlich beliebt. F auch grünlich, zart hellblau / S weiß / E Kristalle glasglänzend und durchsichtig, hexagonal / V Irland, Insel Elba, UdSSR (Ural), Brasilien, Madagaskar, Südwestafrika (Namib, Erongo-Gebirge), Australien.

Aragonit, bekannteste Varietät: »Eisenblüte«, korallenähnliche Ausbildung; weitere Abart-Bezeichnungen Aphrit, Erbsenstein, Kalksinter, Schaumkalk, Sprudelstein; Mineral mit großer Verbreitung. F weiß, gelb, rot, violett, schwarz / S weißgrau / E Kristalle seidig oder glasig glänzend, von geringer Härte / V Raum Kaiserstuhl, Salzburg, Kärnten, Steiermark, Grönland, CSSR, Ungarn, Spanien.

Arsenkies, Arsenopyrit, Mißpickel, Verbindung aus Arsen, Eisen und Schwefel, in Sammlerkreisen sehr gefragt. F zinnweiß, grau, schwarzgrau / S schwarz / E Kristalle undurchtig, metallisch glänzend, zumeist derb, aber auch strahlig und stengelig / V Raum Bergstraße, Fichtelgebirge, Schlesien, Salzburg, Steiermark, CSSR, Schweden, Kanada.

Augit, Pyroxen, gesteinsbildendes Mineral im Bereich der Magmatite und kristallinen Schiefer. F braun, grünschwarz, schwarz / S weiß / E Ausbildung der Kristalle säulig, blättrig, körnig, auch dicht, mittlere Härte, undurchsichtig / V Raum Kaiserstuhl, Eifel, Tirol (Zillertal), Salzburg, Böhmen.

Azurit, Kupferlasur, weltweit verbreitetes Kupfermineral, häufig in Paragenese mit Malachit, Kupferkies, bei den Bergleuten »Kupferblau« oder »Bergblau« genannt. F azurblau /

S hellblau / E Kristalle undurchsichtig bis durchscheinend, monokline Ausbildung, Bruch muschelig / V Hessen, DDR, Salzburg, Frankreich, UdSSR, Chile, Südwestafrika (Tsumeb), Australien.

B

Baryt, Schwerspat, Kammspat, Barium-Mineral von großer industrieller Bedeutung (z. B. Papierherstellung), Begleiter von sulfiden Erzen. F weiß, gelblich, braun, rot / S weiß / E Kristalle rhombisch, sehr oft in Blätter- und Plattenform, aber auch kugelig, strahlig, faserig / V Oberpfalz, Odenwald, Harz, Thüringen, Salzburg, Ungarn, Frankreich, USA.

Bergkristall, farblose, wasserklare, durchsichtige Varietät des Quarz, in aller Welt geschätztes Sammelobjekt, den Edelsteinen zugerechnet. F gelegentlich auch etwas trüb, mit leichtem Grau- und Gelbschimmer /S weiß / E Ausbildung der Kristalle hexagonal bzw. trigonal, Härte 7, Zwillingsbildungen häufig, charakteristisch die Querstreifung auf den Prismenflächen, Bruch muschelig oder splittrig / V Taunus, gesamter Alpenraum, Schlesien, Insel Elba, Madagaskar, Brasilien.
– siehe auch = Quarz

Bleiglanz, Bleischweif, Galenit, Bleierz von eminenter Bedeutung für die Industrie, regelmäßig in Vergesellschaftung mit Baryt, Calcit, Quarz, Kupferkies, Zinkblende u. a. F bleigrau / S grau / E Kristalle würfelig, undurchsichtig, metallischer Glanz, oft in massiver Blockbildung / V Eifel, Siegerland, Harz, Salzburg, Kärnten, Rhodesien, Australien, USA.

C

Calcit, Kalkspat, Mineral mit annähernd 200 Abarten und weltweiter Verbreitung, paragenetisch vor allem mit Aragonit, Baryt, Dolomit, Gips. F farblos, gelb, weiß, weißgrau / S weiß / E Kristallausbildung in zahllosen Varianten, Glasglanz, durchsichtig bis undurchsichtig, sehr geringe Härte, muscheliger Bruch; mineralogisch bedeutsame Erscheinung: »Doppelspat« mit gespaltener, zweifacher Lichtbrechung / V Raum Bergstraße, Harz, Alpenraum, CSSR, Griechenland, Island, Finnland, Banat.

Cerussit, Weißbleierz, Mineral, das auch »Bleispat« oder »Bleiweiß« genannt wird. F gelb, grau, braun / S weißgrau / E Kristalle mit fettigem Diamantglanz, häufig sternförmige Verwachsungen, rhombische Ausbildung, Bruch muschelig / V Siegerland, Sachsen, DDR, UdSSR, USA, Australien.

Chalcedon, Varietät von Quarz, der u. a. die Achate zugeordnet sind. F fleischfarben, bräunlich, graublau, grün / S weiß / E Kristallbildung in dichten, kryptokristallinen Aggregaten, undurchsichtig bis durchscheinend / V Kärnten, Steiermark (Erzberg bei Eisenerz), USA (Arizona), Südwestafrika.

– siehe auch = Quarz

Chlorit, Chloritoid, vornehmlich in Bergregionen auftretendes Mineral mit den Varietäten Chamosit, Klinochlor, Pennin, Thuringit. F grün, weißgrün, schwarzgrün / S weißgrün / E Begleiter vieler alpiner Mineralien, teils als Überzug, teils als Einwachsung, Einschluß, der häufig »Phantom-Erscheinungen« hervorruft, monokline und trikline Kristallbildung / V Schweiz, Tirol, Salzburg, Ardennen, UdSSR (Ural).

Chrysokoll, Kieselkupfer, Kupfergrün, zumeist in Paragenese mit Malachit, Azurit, Rotkupfererz (Cuprit) vorkommendes Mineral der Kupferlagerstätten. F hellgrün, blaugrün / S weißlich grün / E Kristalle in feinfaserigen, dichten Aggregaten, fettglänzend, sehr geringe Härte / V Insel Elba, Großbritannien, Ungarn, Rhodesien, Chile, Mexiko, USA (Arizona).

Citrin, Varietät von Quarz, häufig ohne jede Veranlassung »Goldtopas« genannt. F in Tönungen zwischen hell- und goldgelb bis bräunlich-gelb / S weiß / E Kristalle durchscheinend bis durchsichtig, ohne jede Streifenbildung / V Frankreich, Spanien, Schottland, Madagaskar, USA, Brasilien.

– siehe auch = Quarz

Coelestin, auch Zölestin, strontiumhaltiges Mineral von außerordentlicher Schönheit, vorwiegend in Drusen ausgebildet. F weißblau, farblos, gelb / S weiß / E Kristalle rhombisch, Glas- und Perlmutterglanz, körnig-spätige, auch dichte nierenförmige Aggregate, säulenförmige Einzelkristalle oft einander überkreuzend / V Westfalen, Thüringen, Alpenraum, Großbritannien, Spanien, Ägypten, Sizilien, Madagaskar.

D

Diamant, kristallisierter reiner Kohlenstoff, insofern auch im mineralogischen Sinne Element, gegenüber Säuren und Basen unempfindlich, aufgrund der hohen Lichtbrechung und starken Farbzerstreuung ideal für den Schliff. F weiß, gelblich, hellgrau, bläulich / S keine / E Kristallbildung kubisch, krummflächige und kugelige Ausformungen, muscheliger Bruch / V Südafrika, Südwestafrika, Angola, Goldküste, Sibirien, USA (Arkansas), Australien.

Dioptas, Achivit, eines der in Sammlerkreisen meistgeschätzten Mineralien, vor allem wegen der farb-intensiven »Sprache«. F smaragdgrün, tief dunkelgrün / S grünblau / E Kristalle hexagonal, durchsichtig oder durchscheinend, unebener Bruch, sehr gute Spaltbarkeit, wegen mittlerer Härte nur bedingt zur Verarbeitung geeignet / V Südwestafrika (Tsumeb), Kongo, USA (Arizona), Chile, Peru, Kirgisensteppe.

Dolomit, Dolomitspat, weit verbreitetes Mineral, als Gestein industriell von Bedeutung (Herstellung von Magnesium, Produktion feuerfester Steine u. a.), oft in enger Paragenese mit Calcit. F hellbraun, gelb, weißgrau / S farblos / E Glasglanz, Kristalle trigonal, gekrümmte Ausbildung häufig, sehr gute Spaltbarkeit / V Siegerland, Oberpfalz, Sachsen, Eifel, Tirol, Kärnten, Steiermark, Ungarn, Spanien.

E

Eisenkiesel, aus Kieselsäure entstandenes Mineral, in Geröllen zu finden, verbreitet über alle Erdteile. F braun, gelblich, rot / S farblos / E glasig glänzende, undurchsichtige, durchweg abgerollte Aggregate (»Gequältes Gestein«), ohne Kristallbildung, häufig von hellen Quarzbändern durchzogen / V weltweit.

Epidot, Pistazit, Verbindung aus Aluminium, Calcium, Eisen, in Kristallgruppen wie Einzelkristallen sehr ansprechend. F schwarzgrün, gelbgrün, blaugrün / S weißgrau / E Glasglanz, durchscheinend bis durchsichtig, Kristalle monoklin, Bruch uneben, splittrig / V Salzburg, Zillertal, Ostschweiz, Norwegen, USA (Colorado).

F

Feuerstein, Flint, Mineral aus der Quarz-Gruppe, als Material für die Herstellung steinzeitlicher Geräte und Waffen historisch bedeutsam, in Europa am häufigsten an den Kreideküsten der Ost- und Nordsee zu finden. F grau, schwarzgrau / S keine / E Knollen mit heller Kruste, Härte 7, Bruch muschelig / V Insel Rügen, Küsten von Dänemark und England.

Flußspat, Fluorit, in magmatischen und sedimentären Gesteinen häufig anzutreffendes Mineral mit verschiedensten Abarten (z. B. gelb-brauner »Honigspat«, violett-schwarzer »Stinkspat«). F gelb, grün, blau, braun, rosa, lila / S weiß, farblos / E kubische Kristallbildung, Aggregate massig und oft körnig, durchscheinend bis durchsichtig, mittlere Härte, gute Spaltbarkeit / V Oberpfalz, Erzgebirge, Tirol, Italien, Spanien, UdSSR, USA, Südafrika.

G

Gips, Selenit, gesteinsbildendes wie auch selbständiges Mineral mit verschiedensten Ausprägungen, Varietäten u. a.: Alabaster, Fasergips, Marienglas (silbrig schimmernd), Sandrosen und Wüstenrosen. F weiß, hellrot, farblos / E zumeist Glas- oder Perlmutterglanz, sehr geringe Härte, muscheliger Bruch, sehr gut zu spalten / V Harz, Salzburg, Kärnten, Thüringen, Schweiz, Frankreich, Italien.

Glimmer, Gruppe von Mineralien, die äußerlich durch dünne, oft übereinander geschichtete Plättchen gekennzeichnet sind. Zu den Varietäten gehören u. a.: »Katzengold« (Biotitglimmer), »Katzensilber« (Muskovit, Kaliglimmer) und Lepidokrokit (Rubinglimmer). F und S sehr unterschiedlich / V Kärnten, Tirol, Schweiz, Norwegen, Indien, USA, Südwestafrika.

Gold, gediegen, Element, größtenteils gefördert an mineralreichen Seifenlagerstätten, vereinzelt als »Berggold« in Goldquarzgängen. F goldgelb / S hellgelb bis goldfarben / E Metallglanz, undurchsichtig, sehr geringe Härte, Kristallbildung kubisch, abgerollte Körner als »Nuggets«, Bruch hakig, keine Spaltbarkeit / V Südafrika (Raum Johannesburg), Ural, Alaska, Australien.

Granat, Mineralgruppe mit verschiedenen Varietäten, die teilweise zu Schmuck verarbeitet werden, z. B. Grossular (olivgrün), Pyrop (dunkelrot), Uwarowit (smaragdgrün). F außerdem gelb, braun, rotbraun, schwarz / S weiß / E Kristalle mit Fett- oder Glasglanz, kubisches System, Härte nach Mohs um 7, Bruch muschelig, splittrig / V Spessart, Harz, Erzgebirge, Alpenraum, Insel Elba, Skandinavien, Brasilien.

H

Hämatit, Roteisenstein, Blutstein, eisenhaltiges Mineral, vielfach in Vergesellschaftung mit Flußspat, Magnetit, Pyrit, Quarz. F stahlgrau, eisenschwarz (»Eisenrosen«), rotbraun (»Roter Glaskopf«) / S rötlich braun, braun / E vorwiegend metallischer Glanz, Kristalle trigonal, undurchsichtig / V Siegerland, Eifel, Harz, Ostschweiz, Ostalpen, Insel Elba, Ukraine, Kanada, USA, Kuba, Brasilien.

Hornblende, gemeine, Mineral der magmatischen Gesteine und kristallinen Schiefer, weit verbreitet. F grün, grünbraun, schwarzgrün / S graubraun, grünlich braun, auch schwarz / E Kristallbildung monoklin, Glasglanz, undurchsichtig, mittlere Härte, Bruch muschelig / V Eifel, Kärnten, Steiermark, CSSR, Norwegen.

I / J

Ilmenit, Titaneisen, Mineral aus dem magmatisch-eruptiven Bereich, oft begleitet von Hämatit und Magnetit. F schwarz, braunschwarz / S schwarz, braunschwarz, auch fallweise rötlichbraun / E Kristalle trigonal, halbmetallischer Glanz, mittlere Härte, Bruch muschelig, keine Spaltbarkeit / V Raum Aschaffenburg, Zentralschweiz, Norwegen, Schweden, Indien, Kanada, USA.

Jaspis, Hornstein, weit verbreitetes Mineral der Quarz-Gruppe, nur bedingt für Schmuckzwecke verwendbar, Entstehung fast durchweg in Hohlräumen, Klüften. F gelb, rot, bräunlich / S weiß / feinkörniges Aggregat, Glanz matt, undurchsichtig, keine Spaltbarkeit / V Rheinland-Pfalz (Raum Idar-Oberstein), Ägypten (»Nil-Kiesel«), Indien. – siehe auch = Quarz

K

Karneol, Varietät des zur Quarz-Gruppe gehörenden Chalcedon, historisch bedeutsam als Material für die Herstellung von Gemmen (tief eingeschnitten) und Kameen (erhaben ausgeschnitten). F fleischfarben, rotbraun / S weiß / E Ausbildung feinfaserig, kryptokristallin, matter Glanz, undurchsichtig bis durchscheinend / V Raum Amberg/Weiden (Oberpfalz), Indien, Nordafrika, Sibirien, Japan.
– siehe auch = Quarz

Katzenauge, Quarzkatzenauge, Verwachsung von derbem, faserigem oder stengeligem Quarz mit Hornblendeasbest-Fasern, optisch sehr reizvoll wegen des »wandernden« Lichtscheins. (Katzenaugen gibt es auch als Abarten des Chrysoberyll, Saphir, Turmalin.) F gelbgrün / S weiß / V Harz, Fichtelgebirge, östliches Indien, Südafrika.
– siehe auch = Quarz

Kieselholz, Holzstein, durch Zutritt von Kieselsäure zu Stein gewordenes Holz, teils in amorpher (gestaltloser), teils in faseriger oder körniger Ausformung. F unterschiedlich, Zeichnung gemäß der Urstruktur des Holzes / V weltweit, Schwerpunkte in Ägypten, USA (Arizona), Südamerika (vor allem Patagonien), Madagaskar.

Kobaltblüte, Erythrin, Verwitterungsprodukt der Kobalterze, zumeist in kompakten Bindungen oder als Belag. F rosa, hellrot, violett / S hell rötlich / E Glas- oder Perlmutterglanz, monokline Kristallbildung, sehr geringe Härte, Spaltbarkeit vollkommen / V Riesengebirge, Schwarzwald, DDR, England, Marokko, Südwestafrika, UdSSR, Kanada.

Kupfer, gediegen, Element, Vorkommen hauptsächlich in Oxydationszonen, als Gebrauchsmetall von höchster industrieller Bedeutung. F und S kupferrot / E Kristallbildung kubisch, Fundmaterial zumeist verästelte, verzerrte Aggregate oder derbe Klumpen, geringe Härte, hakiger Bruch, keine Spaltbarkeit, metallischer Glanz, undurchsichtig / V Odenwald, Siegerland, Spanien, Insel Elba, UdSSR, USA (Arizona), Mexiko.

Kupferkies, Chalkopyrit, wegen der goldfarbenen Kristalle in Sammlerkreisen sehr beliebt, ideale Vitrinen-Schaustücke, wichtiges Kupfererz. F messinggelb, grünlich gelb, vielfarbig anlaufend / S grün, grünschwarz / E tetragonale Kristalle, zumeist in derben Bindungen, Zwillingsbildung häufig, metallischer Glanz, undurchsichtig, Bruch spröde / V Harz, Siegerland, DDR, UdSSR, Kanada, Südafrika. (Nicht gleichzusetzen mit dem Mineral Bornit = Buntkupferkies.)

L

Lapislazuli, Lasurit, Lasurstein, Verbindung aus mehreren Mineralien, gut geeignet für Schmuckanfertigung und kunstgewerbliche Arbeiten. F lasurblau, dunkelblau / S hellblau / E Kristallbildung kubisch, amorphe und dichte Aggregate mit weißlichen Adern und Flecken (Calcit), mittlere Härte, muscheliger Bruch, keine Spaltbarkeit / V Afghanistan, Persien, Kalifornien, Chile.
Limonit, Brauneisenerz, Brauneisenstein, Raseneisenstein, Varietät »Brauner Glaskopf« (dunkelbraun bis schwarz) bei Mineraliensammlern hoch im Kurs. F braun, schwarzbraun / S gelbbraun bis rotbraun / E Kristalle rhombisch, stumpfer bis fettigglasiger Glanz, undurchsichtig bis durchscheinend, gut spaltbar / V Siegerland, Harz, CSSR, Lothringen, Ural.

M

Magnesit, Bitterspat, Magnesiumkarbonat von hohem Wert für die Industrie (Produktion feuerfester Bausteine u. a.), reiche Vorkommen in den Ostalpen. F weiß, grau, braun, auch farblos / S weiß / E Aggregate fein- oder grobkörnig, auch stengelig, matter Glasglanz, durchscheinend bis durchsichtig, gut spaltbar / V Österreich (Salzburg, Tirol, Kärnten, Steiermark), Griechenland, Ostasien, USA.
Magnetit, Magneteisen(stein), wegen des hohen Eisengehalts ein wichtiges Erz, Lagerstätten zumeist im magmatischen Bereich. F schwarz / S schwarz / E Kristalle kubisch, derbe und dichte Aggregate, metallischer Glanz, undurchsichtig, mittlere Härte, spröder Bruch, leicht magnetisch / V Harz, Siegerland, Thüringen, Sachsen, Schweden, Finnland, Insel Elba, Südwestafrika, USA.
Magnetkies, Magnetopyrit, Pyrrhotin, Eisensulfid mit Bedeutung für die Produktion von Schwefelsäure, überwiegend vulka-

Tafel 3: links Baryt (Schwerspat) mit Kupferkies von Dreislar, Sauerland; oben rechts Fluorit (Varietät »Stinkspat«), Wölsendorf in der Oberpfalz; darunter Wulfenit von Bleiberg-Kreuth, Kärnten/Österreich; Wiedergabe in genau $^3/_4$ der Originalgrößen.

Tafel 4: oben Bleiglanz von Bleiberg-Kreuth, Kärnten/Österreich; links Steinsalz, Neuhof-Ellers bei Fulda/Hessen; daneben zwei Einzelkristalle und Stufe mit Muttergestein von Epidot, »Knappenwand« bei Neukirchen am Großvenediger, Untersulz-bachtal, Land Salzburg/Österreich; Wiedergaben in genau $\frac{1}{2}$ der Originalgrößen.

nischer Herkunft. F gelb, braun / S grauschwarz, schwarz / E Kristallbildung hexagonal, häufig in Rosetten, Aggregate körnig oder blättrig, Metallglanz, undurchsichtig, Bruch uneben, gut zu spalten / V Schwarzwald, Siegerland, DDR, Norwegen, Finnland, Kanada, USA, Südafrika. •

Malachit, »Weichstein«, weltweit verbreitetes Kupferkarbonat, sehr gut geeignet für kunstgewerbliche Arbeiten, in Sammlerkreisen geschätzt. F lebendig grün, grünschwarz / S hellgrün / E Kristalle monoklin, knollige dichte Aggregate mit Streifen- und Ringbildungen, seidiger Glanz, undurchsichtig, splittriger oder schaliger Bruch / V Harz, Siegerland, Alpenraum, Südwestafrika (Tsumeb), USA, Australien.

Markasit, trotz gleicher chemischer Zusammensetzung nicht mit Pyrit zu verwechseln, Varietäten u. a.: »Speerkies« (lanzenförmige Kristalle), »Kammkies« (kamm-ähnliche Ausbildung der Kristallgruppen). F gelb, grüngelb, graugrün / S grüngrau, schwärzlich grün / E rhombisch ausgebildete Kristalle, Zwillingsbildung oft, knollige und radialstrahlige Aggregate (»Markasitknollen« jedoch häufig nur umgewandelter Pyrit!) / V Harz, Raum Aachen, Sachsen, Frankreich, CSSR.

Milchquarz, meistverbreitete Erscheinungsform des Quarz, weißlich-trübes Aussehen durch Einschlüsse von Gasen, Flüssigkeiten verursacht, Hauptgemengteil bei vielen Gesteinen. F milchig / S weiß / E matter bis glasiger Glanz, Härte 7, splittriger Bruch, keine Spaltbarkeit / V weltweit, speziell in Europa zahllose regionale Vorkommen.
– siehe auch = Quarz

Muskovit, Kaliglimmer, »Katzensilber«, Mineral mit starkem optischem Anreiz, doch wegen der geringen Härte, schuppenartigen Ausbildung und Biegsamkeit etwas empfindlich. F metallisch-silbriger, perlmutter-ähnlicher Glanz / S weiß / E Einzelkristalle (monoklin) äußerst selten, zumeist nur schuppige und dichte Aggregatbildung, Bruch blättrig, leicht zu spalten / V Zillertal, Salzburg, Norwegen, UdSSR, Australien.
– siehe auch = Glimmer

N

Natrolith, Mineral der Zeolith-Gruppe, vornehmlich in Höhlungen des Basaltes anzutreffen. F gelblich weiß, rot / S weiß / E Kristallausbildung rhombisch, feinfaserige Aggregate, glasig oder seidig glänzend, durchscheinend bis durchsichtig, mittlere Härte, muscheliger Bruch / V Hessen, Thüringen, CSSR, Schottland, Norwegen, Südafrika.

Nephrit, Beilstein, Varietät des Aktinolith (Strahlstein), wegen der außerordentlichen Zähigkeit für die Herstellung von Schmuck und kunstgewerblichen Gegenständen gut geeignet. F lauchgrün, graugrün / S weiß / E dichte, mikrokristalline Aggregate, matter Glanz, durchscheinend / V Harz, Schlesien, Schweiz, Italien, UdSSR (Raum Baikalsee), Neuseeland.
– siehe auch = Aktinolith

O

Olivin, Chrysolith, Peridot, ein Magnesium-Eisen-Silikat, Mineral aus dem magmatischen Entstehungsbereich. F olivgrün, graugrün, gelegentlich auch bräunlich grün / S weiß / E Kristalle (rhombisch) selten, körnige Aggregate, Bruch muschelig / V Siebengebirge, Eifel, Rhön, Raum Kaiserstuhl, Thüringer Wald, Steiermark, Norwegen, USA.

Opal, nicht auskristallisierendes, nur mikrokristallin ausgebildetes, amorphes Mineral aus wasserhaltiger Kieselsäure, mit verschiedensten Varietäten und Beinamen. F gelb, weiß, braun, grau, blau / S weiß / E Fett- oder Wachsglanz, »opalisierend«, undurchsichtig bis durchsichtig / V Siebengebirge, Kaiserstuhl (Baden-Württemberg), Ungarn, Mexiko, Brasilien, Australien.

Orthoklas, Mineral der Kalifeldspat-Gruppe, der auch Adular, gemeiner Feldspat und Sanidin zugeordnet sind; Bedeutung des griechischen Namens: der »gerade Brechende«. F gelbbraun, rötlich weiß, grau, auch farblos / S weiß / E glasiger Glanz, durchscheinend bis durchsichtig, muscheliger Bruch, gute Spaltbarkeit, Kristalle monoklin / V Fichtelgebirge, Salzburg, Kärnten, Skandinavien.

P

Periklin, Varietät der Plagioklase (Kalknatronfeldspate) innerhalb der Mineralgruppe Feldspat, nur durch andersartige Kristallbildung vom artgleichen Albit unterschieden. F gelb, hellbraun, rötlich gelb / S weiß / E Glas- oder Perlmutterglanz, Einzelkristalle (triklin) selten, Zwillingsbildung eine Serienerscheinung, gut zu spalten, muscheliger Bruch / V Salzburg (Habachtal, Rauriser Tal), östliche Schweiz, Skandinavien, Finnland, Kanada, USA, Japan. – siehe auch = Plagioklas

Plagioklas, Mineralreihe aus der Feldspat-Gruppe mit Albit und Periklin, Andesin, Anorthit, Bytownit, Labradorit, Oligoklas, unterschieden wegen abweichender chemischer Zusammensetzung. F weißgrau, gelb, grün, rot / S weiß / E wie bei Periklin / V über die Angaben bei Periklin hinaus: Fichtelgebirge (Epprechtstein), Zillertal, Kärnten.

Platin, Element, vielseitig verwendbares Metall (Herstellung von Schmuck, Schmelztiegeln, Drähten usw.). F weißgrau, stahlgrau / S glänzend weiß / E Metallglanz, undurchsichtig, Kristalle (kubisch) sehr selten, Fundgut zumeist Körner, Klumpen, keine Spaltbarkeit / V Sibirien, Südafrika (Bushveld-Komplex), Kanada, Südamerika.

Psilomelan, Hartmanganerz, Varietät: »Schwarzer Glaskopf« mit blasen-ähnlichen, kugeligen Gebilden, dicht aneinander verwachsen. F schwarzbraun, schwarz / S wie F /E kryptokristalline Aggregate, traubig, derb, faserig oder glaskopf-artig, metallisch glänzend, undurchsichtig, nicht spaltbar / V Raum Gießen, Raum Bingen, Siegerland, Thüringen, Indien, UdSSR, USA.

Pyrit, Schwefelkies, Eisenkies, auch einfach »Kies«, industriell bedeutsames Erz (Herstellung von Schwefelsäure u. a.), wegen der Kristallformen und -farben in Sammlerkreisen überaus beliebt. F silbrig, messing- oder goldgelb / S grünlich schwarz / E kubische Kristallbildung, Metallglanz, undurchsichtig, Einzelkristalle meist in Würfelform, Aggregate dicht, knollig, radialstrahlig, spröder Bruch / V Harz, Ostalpen, Spanien, Insel Elba, Frankreich, Mexiko.

Pyromorphit, Grünbleierz, ein auf Blei-Zink-Lagerstätten vorkommendes Bleiphosphat. F gelblich grün, rötlich gelb, seltener weißgrau / S hellgrau, weiß / E hexagonal ausgebildete Kristalle, Aggregate niedrig, kurzstrahlig, auch als Anflug, Belag, Diamant- bis Fettglanz, durchscheinend, keine Spaltbarkeit / V Raum Bad Ems, Gebiet um Badenweiler, DDR, CSSR, Ural, USA.

Pyrop, Magnesiatongranat, Mineral der Granat-Gruppe mit weiter Verbreitung. F dunkelrot / S weiß / E Glasglanz, undurchsichtig, Kristalle kubisch, häufig als Einsprenglinge, dichte oder körnige Aggregate, splittriger Bruch / V Spessart, Harz, Thüringen, CSSR, Skandinavien, Mexiko, Brasilien.
– siehe auch = Granat

Q

Quarz, kristallisierte Kieselsäure, Mineralgruppe mit zahlreichen Varietäten, deren bekannteste sind: Amethyst (violett), Bergkristall (farblos), Chalcedon (hellgrau, hellblau, zugehörig die vielfarbigen Achate), Chrysopras (apfelgrün), Citrin (gelb), Heliotrop (grün mit roten Flecken), Jaspis (gelb, rot), Morion (braunschwarz), Rauchquarz (dunkelbraun), Rosaquarz, Tigerauge (goldfarben) / S weiß / V weltweit.
– siehe auch = Achat, Amethyst, Bergkristall, Chalcedon, Citrin, Jaspis, Karneol, Katzenauge, Milchquarz, Rauchquarz, Rosaquarz, Rutilquarz.

R

Rauchquarz, Abart von Quarz, oft ohne Veranlassung »Rauchtopas« genannt; in der dunkelsten Ausprägung als Morion bezeichnet. F mittel- bis tief dunkelbraun, rauchig grau / S weiß / E wie bei Bergkristall / V Alpenraum, Madagaskar, Ural, Brasilien.
– siehe auch = Quarz

Rhodochrosit, Dialogit, Himbeerspat, Manganspat, Begleitmineral von Erzen, kunstgewerblich genutzt, für den Facettenschliff nur bei hoher Transparenz geeignet. F rosa, rötlich braun, seltener graubraun / S weiß / E Kristalle trigonal, Glasglanz, durchscheinend, gut spaltbar / V Siegerland (Raum Herdorf), Harz, Thüringen, Erzgebirge, Rumänien, Spanien, USA, Argentinien.

Rosaquarz, Varietät von Quarz, für die Schmuckfertigung von Bedeutung. F rosarot / S weiß / E grobkristalline Ausbildung, durchscheinend bis durchsichtig, Glasglanz, Bruch muschelig,

Härte 7 / V Fichtelgebirge, Finnland, Madagaskar, Südwestafrika (Roessing-Berge), Brasilien, Ural, USA.
– siehe auch = Quarz
Rubin, den Korunden zugeordnetes Mineral (Aluminiumoxid),
als Edelstein hoch im Kurs, im Orient als »Blutstropfen aus
dem Herzen der Natur« bezeichnet. F rot, auch mit rosafarbe-
nen oder bläulichen Tönungen / S weiß / E fettiger Glasglanz,
undurchsichtig bis durchsichtig, Kristalle trigonal, Härte 9 / V
Ceylon, Burma, Thailand, Ural, Australien.
Rutilquarz, Sammelname für Quarzkristalle mit haar- oder
nadelförmigen Einlagerungen des Titanoxids Rutil (»Venus-
haar«), häufigste Vorkommen bei den lichten Bergkristallen.
Goldfarbene Strahlen, oft auch radial stehend, bei den Mineraliensammlern am begehrtesten.
– siehe auch = Quarz

S

Sandrose, Wüstenrose, rosettenartige Ausbildung von blättrigen
Kristallen des Minerals Gips, nicht zu verwechseln mit den ähnlich geformten Baryt-Rosen. Entstehung in Wüstengebieten aus
sulfathaltigen Lösungen, eingelagerte Sandkörner deutlich wahr-
nehmbar. F mausgrau (»Namibrose«), hellbraun, rotbraun / V
Nordafrika, Südwestafrika.
– siehe auch = Gips
Saphir, gleich dem Rubin ein Mineral der Korund-Gruppe, gehört zu den wertvollsten Edelsteinen. F blau, mit Abstufungen
nach hellblau oder schwarzblau hin / S und E wie bei Rubin / V
Ceylon, Thailand, Madagaskar, USA (Montana), Australien.
Scheelit, Scheelspat, Tungstein, Verbindung aus Eisen, Mangan
und Wolfram, als Erz von großer Bedeutung. F gelb, grau, rot,
bräunlich / S weiß / E Kristalle tetragonal, vorwiegend pyra-
midenförmig, Fettglanz, undurchsichtig bis durchscheinend, mittlere Härte, spröder Bruch / V Ostalpen (Oberpinzgau, Kärnten), Erzgebirge, Schlesien, CSSR, Skandinavien, USA, Bolivien.
Schörl, schwarze eisenhaltige Varietät des Turmalin, Mineral
des magmatischen Bereichs und der kristallinen Schiefer. F oben
genannt / S weiß / E trigonale Kristallbildung, strahlige Aggregate häufiger als Einzelkristalle, glasig glänzend, nur selten ganz

durchsichtig, Härte 7, splittriger Bruch / V Fichtelgebirge, Salzburg, Kärnten, USA, Südamerika.

– siehe auch = Turmalin

Schwefel, gediegen, Element mit vielseitiger industrieller Nutzung, vulkanischer Herkunft und sedimentär lagernd. F hellgelb, regional auch durch Verunreinigungen dunkler getönt / S strohgelb / E sehr geringe Härte, spröder Bruch, Fettglanz, trüb bis durchscheinend, plattige oder dichte Aggregate, rhombische Kristallbildung / V Salzburg, Schlesien, Sizilien, Spanien, USA (Texas, Louisiana), Japan.

Serpentin, magnesiumhaltiges Mineral, nicht mit dem gleichnamigen, magmatischen Gestein zu verwechseln. F grün, gelblich grün, schwarzgrün / S weiß / E blättrige oder faserige Aggregate mit mattem Glanz, sehr geringe Härte, splittriger Bruch / V Fichtelgebirge, Salzburg, Kärnten, Schweiz, Norwegen, Ural, Kanada.

Siderit, Eisenspat, Spateisenstein, weit verbreitetes Mineral, sehr häufig in Paragenese mit Kupferkies und Quarz. F gelblich braun, hellgelb, braunschwarz / S gelblich weiß, bei schon verwitterten Fundstücken braun, schwarzbraun / E Glas- oder Perlmutterglanz, Kristalle trigonal, derbe, oft kugelige Aggregate, Bruch muschelig, gut spaltbar / V Siegerland, Harz, Alpenraum, DDR, Spanien, Grönland, USA.

Silber, Element, zumeist als Beiprodukt an Erzlagerstätten gewonnenes Edelmetall, von hohem Wert für mehrere Industriezweige (Schmuckfertigung, Elektrotechnik, Fotoindustrie, Münzprägung u. a.). F silberweiß / S wie F / E Metallglanz, kubische Kristallbildung, meist in Oktaedern oder Würfeln, geringe Härte, Bruch dehnbar, derbe und drahtförmige Ausprägungen / V Sachsen, Norwegen, Sardinien, Kanada, USA, Mexiko, Australien.

Smaragd, durch Chromoxid grün gefärbtes Mineral der Beryll-Gruppe, zählt zu den kostbarsten Edelsteinen. F lichtgrün, dunkelgrün / S weiß / E hexagonale Kristalle in einfachen Säulen, Glasglanz, durchscheinend bis durchsichtig, Bruch uneben / V Salzburg (Habachtal), Kolumbien, Südafrika, USA.

Smithsonit, Zinkspat, »Aztekenstein«, den Galmei-Erzen zugerechnetes Mineral, in Sammlerkreisen sehr gefragt / F weiß, grau, bräunlich, grün / S weißgrau / E Kristallbildung trigonal, glasiger Glanz, undurchsichtig oder durchscheinend, mittlere Härte, muscheliger Bruch, gut spaltbar / V Kärnten (Bleiberg), Spanien, Algerien, Südwestafrika (Tsumeb).

Spessartin, Mineral aus der Granat-Reihe. F orangegelb, rotbraun / S weiß / E Diamant-, Fett- oder Glasglanz, durchscheinend bis durchsichtig, Härte bei 7, kubische Kristallausbildung, Aggregate dicht oder körnig, schwer spaltbar, Bruch splittrig / V Spessart (nahe Aschaffenburg), Kalifornien, Brasilien.
– siehe auch = Granat

Spinell, eine Magnesium-Aluminium-Verbindung, als Schmuckstein nur bedingt zu verwenden, Varietäten u. a.: Almandinspinell (violett), Rubinspinell (blutrot). F außerdem blau, grün, schwarz / S weiß / E Härte 8, kubisches Kristallsystem, Glasglanz, undurchsichtig bis durchsichtig, schlecht zu spalten, Bruch muschelig / V CSSR, Ceylon, Thailand, Ural, Afghanistan, USA, Brasilien.

Steinsalz, Halit, Natriumchlorid, auf Salzlagerstätten reichlich vorkommendes Mineral. F farblos, infolge Verunreinigung oder radioaktiver Einflußnahme auch gelb, grau, rot, blau / S weiß / E Kristalle (kubisch) in Würfeln oder derben Aggregaten / V weltweit, auch zahlreich in Westeuropa.

T

Talk, Speckstein, Steatit, Topfstein, ein Magnesiumsilikat, dessen Weichheit dem untersten Grad auf der Mohs'schen Härteskala entspricht. F grünlich-weiß, gelbgrün, grau / S weiß / E Kristalle (monoklin) sehr selten, Aggregate blättrig oder kompakt / V Fichtelgebirge, Sachsen, Alpen, Rumänien, Indien, China, Kanada.

Titanit, Sphen, mit Titan und Calcium gebundenes Silikat, häufig auf alpinen Klüften, als Sammelobjekte hoch bewertet. F gelb, gelbgrün, auch rötlich / S weiß / E Kristalle monoklin, Zwillingsbildung oft, Glasglanz, meist undurchsichtig, Härte bei 5, gut spaltbar / V Salzburg, Kärnten, Ost- und Südtirol, Zillertal, Kanada, USA, Brasilien.

Topas, weltweit geschätzter Schmuckstein, hauptsächlich durch Pleochroismus (Mehrfarben-Reflexion des Lichts) begründet. F gelb, rosa, rot, grün, blau, violett, auch farblos / S weiß / E rhombische Kristallbildung, undurchsichtig bis durchsichtig, Härte 8, Aggregate derb oder strahlig, sehr gut spaltbar, Bruch uneben / V Sachsen, Irland, Skandinavien, Südwestafrika (Spitzkopje, Erongo), Brasilien, Australien.

Türkis, Kallait, ein wasserhaltiges Aluminium-Kupfer-Phosphat mit großer Beliebtheit auf dem Schmucksektor, aber empfindlich gegenüber Seifen, Säuren, Schmutz. F hellblau, grünblau, oft hellbraun geädert / S weiß / E Kristallbildung triklin, Vorkommen nur in traubigen, nierigen Ausformungen, Wachsglanz, undurchsichtig / V DDR, Persien, Sinai-Halbinsel, New Mexico/USA, Mexiko, Arizona und Nevada/USA.

Turmalin, Mineralgruppe mit den Varietäten: Achroit (farblos), Dravit (braun), Indigolith (grün bis blau), Rubellit (rot), Schörl (schwarz), Verdelith (kräftig grün). S weiß / E glasiger Glanz, Kristalle trigonal, strahlige Aggregate, Härte um 7, Streifenbildung typisch / V der hochwertigen Abarten: Ceylon, Madagaskar, Südwestafrika (Raum Karibib/Usakos), Kalifornien, Brasilien.

V

Vanadinit, Mineral aus den Verwitterungszonen von Bleilagerstätten, relativ selten und daher bei Sammlern sehr gefragt. F gelblich rot, rotbraun / S hellgelb / E Diamantglanz, durchscheinend bis durchsichtig, Kristalle hexagonal, keine Spaltbarkeit / V Kärnten, Spanien, Schottland, Südwestafrika (Tsumeb, Abenab), Marokko (Mibladen), Arizona.

Vesuvian, Wiluit, ein Kalk-Tonerde-Silikat aus dem magmatisch-eruptiven Entstehungsbereich. F grau, grün, auch rosa und rot / S hellgrau / E tetragonale Kristalle, Aggregate kleinkörnig, Fett- oder Glasglanz, durchscheinend, unebener Bruch / V Zillertal, Salzburg, Raum Eger/CSSR, Italien (Vesuv-Gebiet), Ural.

Vivianit, Blaueisenerz, phosphorhaltiges Mineral, gewöhnlich nur auf Eisenlagerstätten anzutreffen. F kräftig blau / S bläulich, auch farblos / E Kristallbildung monoklin, langsäulige Gruppen von außerordentlicher Schönheit, Glas- bis Perlmutterglanz, durchscheinend, geringe Härte / V Oberpfalz (Hagendorf-Süd), Bayerischer Wald, Trepca/Jugoslawien, England, Krim, Idaho/USA, Bolivien.

W

Wismut, gediegen, Element, industriell vielseitig genutztes Erz, nicht gleichzusetzen mit dem Mineral Wismutglanz. F silbrig weiß, schwach rot / S hellgrau / E Metallglanz, undurchsichtig, Kristalle (trigonal) äußerst selten, Aggregate körnig, derb, auch federartig ausgeformt / V Erzgebirge, CSSR, England, Bolivien, Australien.

Wulfenit, Gelbbleierz, hoch bewertetes, aber auch sehr empfindliches Sammlermineral, Hauptmerkmal die meist dünntafeligen quadratischen Kristalle. F gelb, gelbrot, orangefarben / S weißgelb / E Diamantglanz, durchscheinend bis durchsichtig, Aggregate derb, drusen-ähnlich, auch pyramidal, Härte nahezu 7, Bruch muschelig / V Salzburg, Kärnten (Bleiberg), Tsumeb/Südwestafrika, Mexiko, Arizona und Utah/USA.

Z

Zinkblende, Sphalerit, weit verbreitetes Zinksulfid mit verschiedenen Abarten wie »Honigblende«, »Rubinblende«, »Schalenblende« (Wechsellagen mit dem Mineral Wurtzit). F braun, grauschwarz, gelb, rot, auch farblos / S gelblich weiß bis braun / E Diamant- bis Metallglanz, Kristalle kubisch, meist verzerrt, Aggregate körnig, gut spaltbar / V Harz, Siegerland, Schwarzwald, Oberpfalz, Trepca/Jugoslawien, Spanien, Missouri/USA.

Zinnober, Cinnabarit, Merkurblende, Quecksilberoxid mit häufigstem Vorkommen auf Erzgängen. F und S kräftig rot / E Diamantglanz, undurchsichtig, Kristalle (trigonal) selten, dichte oder faserige Aggregate, sehr geringe Härte, splittriger Bruch / V Rheinland-Pfalz, Steiermark (Erzberg), Spanien (Almaden), Italien, Jugoslawien, USA, China, Japan.

Zirkon, Mineral des magmatischen Bereichs, Schmucksteinvarietäten: Hyazinth (rötlich gelb, rotbraun), Starlit (gelb, gebrannt blau), trotz Härte über 7 sehr empfindlich. F farblos, gelb, grün, orangefarben, rot, braun / S weiß / E Kristallbildung tetragonal, Diamant- bis Fettglanz, undurchsichtig bis durchsichtig, muscheliger Bruch / V Norwegen, Ceylon, Indien, Thailand, Madagaskar, Brasilien, Australien.

Zoisit, eine Calcium-Aluminium-Verbindung mit häufigem Auftreten vor allem in Bergregionen. F grau, grün, seltener rotbraun, rot / S weiß / rhombische Kristallbildung, Glas- bis Perlmutterglanz, undurchsichtig, stengelige oder strahlige Aggregate, geringe Härte, spröder Bruch / V Fichtelgebirge, Osttirol, Kärnten, Schweiz, Norwegen, Ural, USA. – Benannt nach einem Mineraliensammler mit dem beziehungsreichen Namen: Siegmund Freiherr Zois von Edelstein (1747–1819, Laibach, später Ljubljana).

Tiefvioletter Amethyst von Rio Grande do Sul, Brasilien, maximale Kantenlängen bei 30 mm. ³/₄ der Originalgröße.

III. Aufbau und Unterbringung einer Sammlung

Auf keinem Teilgebiet seiner Lieblingsbeschäftigung hat der Mineraliensammler so viel Spielraum für seine Fantasie, so viel persönliche Freiheit wie beim schrittweisen Aufbauen und Gestalten seiner Sammlung. Trotz der verschiedenen Orientierungshilfen, wie wir sie im ersten Kapitel erläutert haben, ist erfahrungsgemäß die eigene Vorstellung, die eigenwillige Zielsetzung für das Werden und Wachsen einer Privatsammlung maßgebend. Gerade dies hat seinen besonderen, hohen Wert: Keine Sammlung ist in ihrer individuellen Art ein zweites Mal zu finden, es gibt keine verallgemeinernden Gebrauchsanweisungen, jeder tut das Seine.

Aufbau der Sammlung

Erneut gehen wir systematisch vor und besprechen die einzelnen Fragen des Themas in dieser Reihenfolge: Aufstocken und Aufteilen der ersten Habe – Fundnotizen, Etiketten, Kartei und Tourenbuch – Aufbewahrung und Schaustellung, so oder so –. Gegen Schäden durch Feuchtigkeit, Staub und Licht – Systematische, begrenzt-regionale oder spezielle Sammlung? – Kaufen, Tauschen und Treffen mit anderen Sammlern. Am Schluß des Kapitels werden wir noch ein heikles Problem zu beleuchten haben, an dem wir alle, früher oder später, nicht vorbeikommen: Das Problem der Jagd auf Profite.

Aufstocken und Aufteilen der ersten Habe

Immer dasselbe und auch ganz natürlich: Der in Fahrt gekommene Anfänger rafft alles und jedes zusammen, was ihm vor den Hammer geraten ist, kehrt mit bug- oder hecklastigem Auto nach Hause zurück und lädt dort eine riesige Menge von Mineralien aus. Gewöhnlich landet die in Kisten und Kästen herangewuchtete Masse zunächst im Keller, wird dort auf ein düsteres Abstellgleis geschoben, und erst im Verlauf mehrerer Sichtungsabende befindet der Herr des Sammelgutes über den künftigen Verbleib des Materials. Hier wollen wir gleich einhaken und feststellen: Ein Zuviel an billiger Einfuhr ist ungut, die später nachfolgenden Kopfschmerzen wegen der nötigen Wiederausfuhr kosten nur teure Freizeit.

In einem französischen mineralogischen Lehrbuch kann man im Vorwort lesen: »Der Beginn des Steinesammelns ist gekennzeichnet durch hektische Hast und Überbewertung von lauter unnützem Zeug. Aufgrund langjähriger Beobachtungen und Studien hat sich ergeben, daß im Durchschnitt erst der siebente Eigenfund eines bestimmten Minerals einen Stammplatz auf Ewigkeit in Privatsammlungen erhält.« Diese Aussage – mit dem Akzent auf »Eigenfunden«, also Eintauschen oder Einkaufen ausklammernd –, kommt der Wahrheit sehr nahe. Und so können wir getrost notieren:

Wer im Begriff ist, einen ersten Sammelfundus aufzustocken, eine Art »Grundsammlung« auf die Bretter, auf die Borde zu stellen, der sollte von vornherein kritisch und wählerisch sein. Es genügt vollauf, von der einzelnen Mineralart drei bis vier Stücke im Haus zu behalten, das schönste dieser Objekte in die Wohnzimmer-Schau einzureihen und die restlichen Stücke bei der Keller-Reserve zu belassen. Wie es überhaupt von größter Wichtigkeit ist, vom Start weg eine begründete Zweiteilung vorzunehmen: Das beste Material – siehe Fall für Fall die Ausbildung der Kristalle, die geschlossene Wirkung –, bleibt oben in der Wohnung, zur Freude aller Sehenden und Vorbeigehenden, und das Zweitrangige darf vorerst im Untertagebau des Kellers lagern.

Im gleichen Zusammenhang können wir schon etwas vorgreifen und die Situation bei einem längst fortgeschrittenen Mineraliensammler zum Vergleich heranziehen:

Nach mehrjähriger Praxis, sagen wir nach Ablauf von sechs bis zehn aktiven Sammeljahren, ergibt sich ganz von selbst, daß die eben erwähnte Zweiteilung nicht mehr den freizeitlichen Forderungen entspricht. Ein solcher Sammler hat meistens die frühere Zweiteilung mittlerweile in eine Dreiteilung umgemodelt. Der Anlaß: Abseits der edlen Vitrinen-Schau im familiären Wohnzimmer ist im Studier- und Arbeitsraum eine ständige zweite Garnitur von Mineralien aufgefahren, an der gelernt und beobachtet wird, von der häufig einzelne Stücke auf den Schreibtisch wandern, unter das Binokular oder unter UV-Licht kommen, ja auch von Zeit zu Zeit gereinigt werden müssen. Und die dritte Partie besteht dann, analog zu dem vorhin Erklärten, aus der stillen Reserve im Keller. Eine ganz logische Aufteilung der inzwischen angewachsenen Habe.

Anfängersammlung

Kurz noch ein Anschlußgedanke: Wenn eben von einer Art »Grundsammlung« die Rede war, so stellte sich automatisch zwischen den Zeilen die Frage nach der Beschaffenheit, der »Komposition« einer solchen lehrreichen Anfängersammlung. Diese Frage ist sehr einfach zu beantworten, indem wir für eine derartige Zusammenstellung die folgenden, meist heimischen Mineralien in Form ansprechender Stufen empfehlen:

Achat	Calcit	Granat	Pyrit
Adular	Chalcedon	Hämatit	Rauchquarz
Aktinolith	Chlorit	Hornstein	Rosaquarz
Albit	Dolomit	Jaspis	Schwefel
Amethyst	Eisenkiesel	Kieselholz	Serpentin
Aragonit	Feldspat	Kupferkies	Siderit
Azurit	Feuerstein	Limonit	Steinsalz
Baryt	Flußspat	Malachit	Talk
Bergkristall	Gips	Milchquarz	Turmalin
Bleiglanz	Glimmer	Muskovit	Zinkblende

Fundnotizen – Etiketten – Kartei – Tourenbuch

So frei er durch die Lande zieht, so unabhängig er auch seiner Passion nachgehen mag – um einen kleinen, bescheidenen Bürobetrieb kommt der Sammler von Mineralien nicht herum. Dieses ungeschriebene Gesetz wirkt sich in zwei Richtungen aus: Erstens hat kein eigener Fund, kein gekauftes Stück und kein eingetauschtes Objekt einen vollen Wert, wenn ihm nicht eine Erklärung beigegeben ist. Die Form dieser begleitenden, schriftlichen Definition – ob es ein vorgedrucktes Kärtchen oder nur ein simples Blatt aus einem Notizblock ist –, entscheidet nicht. Wesentlich ist allein der Text, aus dem zumindest der Name des betreffenden Minerals, der Fundort und der Name des Finders und Besitzers, des Tauschpartners oder des in Betracht kommenden Mineraliengeschäftes hervorgehen. Zweitens, um den kleinen Bürobetrieb nach der anderen Seite hin zu begründen, ist noch kein Mineralmeister vom Himmel gefallen, der in seinem Geist mehr speichern kann, als er eben kann. Insofern ist jeder normale Sammler, ob Anfänger oder Fortgeschrittener, dazu gezwungen, die wichtigsten Einzelheiten schriftlich festzuhalten – nicht allein in bezug auf die Begleiterklärungen, wie gerade erläutert.

Genau genommen, haben wir es bei den laufend anfallenden Schreibarbeiten mit vier Dingen zu tun: mit der Auswertung, Übertragung der provisorischen Fundnotizen, der entsprechenden Beschriftung von Etiketten, der Ergänzung der Kartei, der aktuellen Eintragungen im Tourenbuch. Es handelt sich also um Aufgaben, die ineinandergreifen und letztlich den Effekt haben, daß jede Neuerwerbung exakt zu Buche kommt. Dasselbe gilt natürlich, sinngemäß, auch für jeden Kauf und jeden Eintausch.

Einige Anmerkungen noch zu den eben aufgeführten vier Begriffen der Fundnotizen, Etiketten, der Kartei und des Tourenbuchs:

Fundnotizen

Für den Wissenschaftler neue Ansatzpunkte zu tieferer Erkenntnis, für den Privatsammler neue Handhaben für aufschlußreiche Vergleiche und weitere Überlegungen – das sind die von jeder Exkursion mitgebrachten Fundnotizen. Aufzeichnungen dieser Art werden nicht nur, wie es der Name vermuten läßt, auf die »Funde« beschränkt, eng zugepaßt. Es sind vielmehr die näheren, ergänzenden, abrundenden Einzelheiten, die den höheren Wert solcher Notizen ausmachen. An Details wären also – bezogen auf jeden bedeutsamen Fund während einer Exkursion – beispielsweise (schon unterwegs) verzeichnet worden: Name des Minerals; besondere Anmerkung, wenn das Fundstück Außergewöhnliches hat; Datum, Tageszeit; exakte Erklärung der

Fundstelle, fallweise kombiniert mit einer Wegbeschreibung im Telegrammstil; soweit wichtig für Hinweise, Information an Kollegen: Kurznotizen über Gefährdungen im Gelände, Nähe von Unterkünften, Adressen von Kontaktpersonen, neuere Aufschlüsse im gleichen Gebiet usw.

Etiketten
Es gibt sehr unterschiedliche Verfahren, die Einzelstücke einer Mineraliensammlung für den Hausgebrauch, für Besucher und für den Fall des Fortgebens zu deklarieren. Am weitesten verbreitet sind ohne Frage die aus leichtem Karton hergestellten, weißen, schon mit einigen Aufdrucken und Querlinien versehenen Kärtchen, in Größen zwischen Streichholzschachteln und halbierter Postkarte.

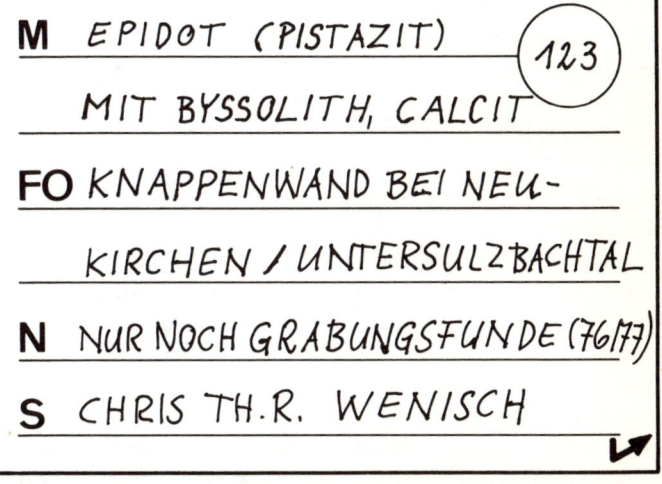

Muster für Etikett, Originalgröße: M = Mineral, Kreis = Kartei-
zahl, FO = Fundort, N = Näheres, S = Sammlung und
Pfeil = Hinweis auf eventuelle, rückseitige Ergänzungen.

Nun gefällt es aber nicht jedem, daß seinen steinernen Lieblingen immerfort diese »Personalausweise« beigegeben sein sollen, untergeschoben, seitlich herangestellt oder noch anders postiert. Welchen brauchbaren Ausweg gibt es da? Man benutzt die vorrätigen Etiketten nur bei Bedarf, führt gewissenhaft Kartei und versieht alle Einzelstücke der Sammlung (fallweise der ersten und der zweiten Garnitur) mit pfenniggroßen Zahlenetiketten, die auf den Unterseiten, den Stellflächen der Stufen und Einzelkristalle angeklebt werden. So herrschen klare Verhältnisse.

Kartei

Kurz hingesagt, sind die Karteikarten des Mineraliensammlers die Konserven der übertragenen Fundnotizen und bilden das organisatorische Rückgrat des Ganzen. Um die Kartei immer auf dem aktuellsten Stand zu halten, ist es ratsam, eine Neuerwerbung niemals ohne Kontrolle passieren zu lassen und gleich nach der üblichen Säuberung in die Vitrine oder woandershin zu stellen. Wenn schon Kartei, dann eine gute Kartei. Ergänzend, bereits hinüberleitend zu Punkt 4, ist auf die lebendigen Wechselbeziehungen zwischen der Kartei und dem Tourenbuch zu verweisen. Je einfacher, unkomplizierter die beiderseitigen Vermerke Hand in Hand laufen, desto besser für die Überschaubarkeit der Sammlung.

Tourenbuch

Der Wert eines solchen Buches – das am zweckmäßigsten in starke Folie eingebunden ist, normalerweise aber nur auf mehrtägige Exkursionen oder Ferienreisen mitgenommen wird –, ist sehr hoch einzuschätzen. Selbst wenn die obligaten Eintragungen immer nur ganz kurz sind, beschränkt auf das Allerwichtigste, wächst ihre Bedeutung mit jedem Tag, jeder Woche. Das Tourenbuch mit den lebenserfüllten, rein persönlichen Aufzeichnungen des Sammlers verdichtet sich mit der Zeit zu einem farbigen, abenteuerlichen Eigenbericht – später, für die Rückerinnerung, ein kostbarer Besitz. Ein solches Buch gewinnt noch an optischem Reiz und an Aussagekraft, wenn die handschriftlichen Eintragungen mit Fotos, Eintrittskarten, Tankbelegen und ähnlichen, tagesbezogenen Beweisstücken kombiniert werden.

Unterbringung der Sammlung

Die häusliche Aufbewahrung von Mineralien wirft keinerlei Probleme auf, solange sich die Stückzahl der Sammlung in Gren-

Tafel 5: oben Granate (Almandin) in Glimmerschiefer, Zillertaler Alpen; links darunter kugeliger Aragonit, Saalfelden am Steinernen Meer, Land Salzburg/Österreich; daneben Aktinolith (»Strahlstein«), von Bucheben im Rauriser Tal, Österreich; Wiedergaben in genau 3/4 der Originalgrößen.

Tafel 6: rechts oben Rauchquarz, Krumltal bei Rauris, Land Salzburg/Österreich; daneben links derber Rosaquarz aus dem Fichtelgebirge; unten Stufe mit Bergkristallen, Kanton Graubünden/Schweiz; Wiedergabe in genau ³/₄ der Originalgrößen.

zen hält. Es dürfte jedermann möglich sein, zwanzig oder dreißig Steingebilde von mittleren Ausmaßen irgendwo in der Wohnung unterzubringen, die edelsten Exemplare von ihnen an geeigneten Plätzen aufzubauen. Schwierig wird die Sache erst, wenn die Stückzahl der Sammlung dermaßen angewachsen ist, daß mehrere Quadratmeter Stellfläche benötigt werden. Hat diese Stunde geschlagen, hilft kein Zögern und kein Zaudern mehr: es muß ernsthaft überlegt und geplant und entsprechend gehandelt werden. Wobei mit Nachdruck gemäß der praktischen Erfahrung zu sagen ist: Halbheiten, auf die man sich in einer solchen Situation einläßt, können sich später sehr bitter rächen. Jede Anschaffung, die der größer und größer werdenden Mineraliensammlung gilt, sollte auf eine Benutzungszeit von mindestens eineinhalb bis zwei Jahrzehnten abgestimmt sein. Das bezieht sich selbstverständlich nicht auf kleinere Dinge wie Klarsicht-Kästen, Pappschachteln oder Gestelle für Stufen aus Plastikmaterial. Es bezieht sich aber auf sämtliche Langzeit-Erwerbungen, wie beispielsweise Vitrinen, Schränke mit Glastüren, speziell gefertigte Mineralienschränke, Lampen und Strahler, Arbeitstische, Wandgestelle und -borde.

Zur Frage der pfleglichen Aufbewahrung ist ferner zu sagen – Punkt nach Punkt in Kürze notiert:

● Ein nicht geringer Teil der Mineralien spricht auf den *Einfluß von Feuchtigkeit* sehr nachteilig an, ja manche schöne Stufe (siehe Steinsalz) kann dahinscheiden und zu einem Nichts werden, wenn man nicht aufpaßt. Es ist also entschieden davon abzuraten, eine Sammlung allzu nahe einer Küche oder eines Fensters aufzubauen, egal ob frei stehend oder nach außen hin durch Scheiben oder Türen abgeschirmt. Ideal für die Unterbringung einer Sammlung ist ein Raum mit angenehmer, gleichbleibender Atmosphäre, konstantem Luftfeuchtigkeitsgehalt, niemals unterkühlt und auch niemals überhitzt. Nennen wir noch die beiden anderen Feinde der daheim aufbewahrten Mineralien bei ihren Namen: *Staub* und *starkes Licht*, dann ist klar, was außerdem bedacht werden sollte.

● Sind keine Unterbringungsmöglichkeiten in verschließbarem Mobiliar vorhanden, muß die Sammlung also frei aufgestellt werden, so empfiehlt sich die Montage jenes ausgezeichneten *Wandgestell-Systems* mit tief eingedübelten schwarzen Stützen, bei dem dann entsprechend zugepaßte Bretter Verwendung finden. Auch in dieser Beziehung sind Halbheiten nichts wert. Besser und klüger, mit Hilfe des genannten Systems eine 10-Meter-Galerie an die Wände zu bauen, als schon nach kurzer Zeit das Fehlen einer ausreichenden Stellfläche zu beweinen. Der hier gegebene Rat schließt noch den Hinweis ein, daß die zusätzliche Chance geboten ist, direkt neben den Schaustufen und Handstücken die Fachbücher und Kalender, die Kartei und sachbezogenen Aktenordner sowie die ganze Kasten- und Kassettenwirtschaft zu placieren.

Klarsichtkästen mit abzuhebenden Deckeln für die Einordnung von Einzelkristallen, kleinen und kleinsten Stufen.

● Zur systematischen Einordnung von kleinen Stufen und Einzelkristallen eignen sich folgende *Behälter:* Flache Klarsicht-Kästen und -Kassetten mit Fächern, Scharnier-Deckeln oder abzuhebenden Deckeln, Mindesthöhe 45 mm. (Sehr vorteilhaft, wenn die Innenfächer verschieden groß sind und herausgenommen werden können.) – Ebenfalls transparente, auch undurchsichtige Flachkästen, wie sie von einer bekannten Herstellerfirma für Eßbestecke in den Fachhandel kommen, länglich ausgeformt, Höhe mit Deckeln 40 mm bzw. 45 mm, bei den zuletzt angeführten Typen innere Auskleidung mit Filz. – Sehr brauchbar sind außerdem: Hölzerne Präsentkisten, die allweihnachtlich mit alkoholischen Inhalten umlaufen, 32,5 cm lang, 90 mm lichte Höhe. – Flache, durchsichtige Zigarrenschachteln (für Klein- und Kleinstkristalle). – Jederart Schmuckschatullen und -kästchen aus dem Juwelierbereich. – Jederart Parfümerie-Packungen mit durchsichtigen Deckeln, innen sanft und seidig ausgepolstert.

Zwei ergänzende Hinweise noch: Manche Vitrine, mancher Schauschrank ist mit Glasplatten ausgestattet, auf denen die Mineralien Parade stehen. Diese Glasplatten haben den Nachteil, daß sie sofort unschöne Kratzer bekommen, wenn eine härtere Stufe neu aufgesetzt oder verschoben werden muß. Dieses Umbauen, Neuordnen, Rücken ergibt sich ja automatisch, wenn die Sammlung Zuwachs erhält. Wie kann man nun die böse Kratzgefahr bannen? Sehr einfach. In stiller Heimarbeit werden einige runde Deckel von ausgedienten, weicheren Kaffeebüchsen o. ä. hergenommen und jeweils von der Mitte her mit sternförmig angeordneten Wollfäden bezogen. Diese selbstgemachten, relativ flachen, von der Seite kaum wahrnehmbaren Untersätze eignen sich vorzüglich für die Aufstellung härterer

Hämatit-Stufe von Rio-Marina, Insel Elba, auf einem selbstangefertigten Wollfaden-Untersatz. ¹/₂ der Originalgröße.

Schaustufen, erlauben zudem auf den Glasplatten Verschiebungen jeder Art. – Von ähnlichem Nutzen sind die runden Hartplastik-Schraubdeckel von Gläsern, wie sie heute oft für Pulverkaffee o. ä. Verwendung finden: sie dienen bestens – gläserne Platten natürlich ausgenommen – als Gestelle für jene Stücke der Sammlung, die wegen ihrer ungünstigen Form in einen ganz bestimmten, erwünschten Blickwinkel gerückt werden sollen. Die hohen Ränder der Schraubdeckel sind bei derlei Manipulationen hilfreich und gut.

● Unsere letzte Frage in diesem Abschnitt: Soll ein Mineraliensammler, dessen Besitz von Monat zu Monat wächst, sein bestes Material ausschließlich dazu benutzen, eine starre und kühle Privatausstellung aufzuzäumen? Oder sollte diese Schaustellung daheim ein lebendiger Spiegel der Beweglichkeit, der nimmermüden Fantasie des Besitzers bleiben – mit wiederholter *Umgruppierung, Ergänzung, veränderter Beleuchtung* und so? Nach unserer Meinung, die sich aus zahlreichen diesbezüglichen Beobachtungen und Vergleichen ergeben hat, muß die zuletzt gestellte Frage und nur diese bejaht werden. Es gibt wunderschöne Mineraliensammlungen, mit erstklassigen Schaustücken und blendender Beleuchtung – sie wirken aber kalt und eisig, ähneln in ihrer Machart einem leblosen, müden Wachsfigurenkabinett. Andere Sammlungen wiederum haben dynamische Strahlung, Feuer, und der betrachtende Besucher kann sich ausrechnen, daß der stolze Hausherr laufend an seiner Schatzkammer werkelt, sie auf gar keinen Fall »einfrieren« läßt.

Merken wir noch etwas an zum Thema der *Beleuchtung*: Sowohl indirekte Ausleuchtung in Vitrinen und Schränken als auch schwenkbare Richtlampen und Strahler von außen her bewähren sich ausgezeichnet. Aber auch in diesem Punkt darf gelten, was wir eben dargelegt haben: Ein Zuviel an frostigem, hart auftreffendem Licht ist dem Gesamteindruck einer Mineraliensammlung keineswegs förderlich. Überhaupt – so paradox es klingen mag – werden durch schwächere Lichteffekte weitaus stärkere Wirkungen erzielt. So wie draußen in der freien Natur keine Superscheinwerfer und keine sengenden Spots auf die Gesteine und Mineralien gerichtet sind, so ist auch die Beleuchtung einer Mineral- und Kristallsammlung im häuslichen Rahmen eine Sache der Einfühlung, der maßvollen Zuhilfenahme technischer

Mittel. Gleichermaßen ist es nur ein gewisses Lächeln wert, wenn jemand auf die glorreiche Idee verfällt, seinen mineralogischen Kronschatz mit Hilfe von reflektierenden Gold- oder Silberfolien optisch aufzuheizen. Schnickschnack dieser Art ist nicht der Weisheit letzter Schluß.

Der Amateur und die Jagd nach Profiten

Unsere nächsten Überlegungen gelten einigen Fragen, die sich ganz von selbst im fortgeschrittenen Stadium der Sammeltätigkeit auftun. Und die erste dieser Fragen lautet: Soll man sich fortan spezialisieren – ja oder nein? Wenn wir bedenken, wie unendlich weit der Bogen der Mineralvorkommen gespannt ist, und außerdem unsere begrenzten Möglichkeiten erkennen, ist die Frage nach einer Spezialisierung voll begründet.

Spezialisierung
Im wesentlichen unterscheiden wir zwischen drei Arten von Sammlungen:
Die sogenannte *Systematische Sammlung* umfaßt sämtliche auf der Erde vorkommenden Mineralien, und der Aktive dieser Richtung ist darum bemüht, soviel wie nur möglich zusammenzubringen. Gelingt es im Laufe der Jahre, etwa 300 bis 400 einzelne Mineralien – Varietäten mitgerechnet –, daheim zu konzentrieren, dann ist die betreffende Systemsammlung schon recht ansehnlich.
Anders geartet, deutlich abgegrenzt, ist die *Regionalsammlung* beziehungsweise *Lokalsammlung*. Wie die Namen schon besagen, verlegen sich die Anhänger dieser beiden Richtungen darauf, die Vorkommen der näheren bzw. örtlich unmittelbaren Umgebung möglichst komplett zu erfassen und in die Sammlungen einzugliedern. Als Beispiele nennen wir (für eine typische Regionalsammlung) die ganz bewußte Ausrichtung der Arbeit auf die Oberpfalz-Mineralien und (für eine typische Lokalsammlung) die Konzentrierung auf die Vorkommen des Erzberges bei Eisenerz, Steiermark/Österreich. Ausdrücklich ist hierbei zu betonen, daß die Regional- oder Lokalsammler nicht in jedem Fall auf ihre eigenen Lebensreviere eingeschworen sind und eben die Mineralien ihrer nahen Umwelt suchen, eintauschen oder kaufen.

Es gibt auch Hunderte von Sammlern der beiden Richtungen, bei denen das »Regionale oder »Lokale« in weitester Ferne liegt – siehe als treffendes Beispiel den Spezialisten für Tsumeb-Mineralien, also für die vielgestaltigen Vorkommen der berühmten Kupfer-Zink-Blei-Lagerstätte von Tsumeb im nördlichen Südwestafrika. Ein solcher Mann muß demnach – wenn er nicht selbst hin und wieder ins Otavi-Bergland reist –, unentwegt danach trachten, zu mehr Material aus der Tsumeb-Mine zu kommen.

Schließlich, als dritte Hauptkategorie, kennen wir die sogenannte *Spezialsammlung*. Darunter ist zu verstehen, daß jemand den Rahmen der Sammlung einengt auf ganz bestimmte, mineralogische Gruppierungen. Zu diesen Gruppierungen zählen beispielsweise die Mineralklassen (Stoffklassen), dann jene Mineralien, deren Kristalle den Edelsteinen zugerechnet werden oder auch einzelne Mineral-»Familien« mit zahlreichen Abarten (Quarz, Pyrit, Flußspat, Calcit, Baryt usw.). Es versteht sich von selbst, daß alle drei erklärten Sammel-Spezialisierungen auch auf die Praktiken der Sammler von Lupenmineralien und Micromounts zu übertragen sind.

Kaufen – Tauschen – Verkaufen

Wir gehen nun zu einer weiteren Frage über, die sich im Fortgeschrittenen-Stadium einstellt: Welche Rollen sind dem *Kaufen,* dem *Tauschen* und den *Treffen* mit anderen Mineraliensammlern beizumessen? Zwar hatten wir diesen Komplex schon im einleitenden Kapitel mehrfach angesprochen, doch an dieser Stelle ist es angezeigt, die Dinge noch einmal näher und kritischer ins Auge zu fassen – unter zwei Punkten:

Kaufen

Es gibt keinen Mineraliensammler mit gewachsenem Bestand, der nicht hin und wieder etwas kauft, weil er es selber nicht finden kann. Frage: Wo kauft er dann ein? Antwort: Beim wirklichen Fachmann, beim fachlich geschulten Mineralien-Einzelhändler und nirgendwo sonst. Die auffallend kühle, kurz geschnürte Formulierung hat sehr wohl ihren Grund, denn allerorten haben sich während der jüngsten Vergangenheit einzelne und gruppierte Herrschaften etabliert, die im toten Winkel der seriösen Händlertätigkeit ans Werk gehen und für eine faire Preisbemessung mehr oder weniger ungeeignet sind.

Treffen zum Tauschen

Sinngemäß gilt hier dasselbe: Zusammenkünfte mit anderen Sammlern in der beiderseitigen Absicht, Mineralien zu tauschen, setzen erstens einen Mindesteinblick in die Materie, zweitens einen ungefähren Überblick in bezug auf die gegenwärtige, allgemeine Preissituation, drittens die Bereitschaft zu einem sauberen Wertausgleich voraus. Die hübschesten Etiketten, die liebenswürdigsten Worte taugen nichts, wenn die eben aufgezählten Forderungen auf der Gegenseite nicht erfüllt werden. Zum Glück ist es auf dem Terrain des Tauschens nicht so arg bestellt wie auf jenem der »wilden« Kauf-Animierungen. Dennoch ist anzuraten, möglichst nur im Kreis schon vertrauter, absolut zuverlässiger Freunde zu tauschen. Allein in punkto der Fundortangaben – oft genug auf dem »freien Markt« Gegenstand vorsätzlicher Irreführungen –, ist dann jede Skepsis unbegründet.

Verkaufen

Nahtlos können wir nun hinüberblenden zu jenem heiklen Problem, das in den Sammlerzirkeln der ganzen Welt, nicht nur bei uns, die Gemüter beschäftigt, ja sogar gelegentlich grimmige Fehden heraufbeschwört: Soll der Amateur in jedem Falle Amateur bleiben? Ohne jedes Plansoll von Profiten, rein idealistisch eingestellt, in vorsätzlicher Abwehr von jederart Geschäftemacherei? Oder soll auch einem Amateur das gute Recht zugestanden werden, aus seinen Sammelgütern Kapital zu schlagen, Mineralien und Kristalle in klingende Münze zu verwandeln? Auf dem Rückentext des ausgezeichneten amerikanischen Einführungsbuches von Dr. Richard M. Pearl: »How to Know the Minerals and Rocks« (»Wie erkennt man Mineralien und Gesteine?«), lesen wir wörtlich vom »Gefallen-Finden an einem Hobby, das gesundheitsfördernd, lehrreich, gewinnbringend und amüsant sein kann«. Nun, wir wollen den zitierten Ausdruck »profitable« (= gewinnbringend, einträglich) nicht gleich unter unsere stärkste Lupe legen und in kleinlicher Manier über seine Auslegung befinden. Es soll nur ein zusätzlicher, kleiner Impuls für die folgenden Überlegungen sein:

Der ganz normale Sammler von Mineralien und Kristallen geht in der Freizeit seiner Lieblingsbeschäftigung nach. Er ist Amateur, hat mit beruflichen Verpflichtungen in dieser Richtung nicht das geringste zu tun, und bestreitet seinen und seiner Familie Lebensunterhalt aus den Einkünften einer geregelten, laufenden Tätigkeit. Er ist demnach, logisch betrachtet, auf keine Nebeneinnahmen angewiesen. Oder ist er es doch ...? Hier, genau an diesem Punkt, stehen wir bereits an einer ersten Gabelung der Gedanken: Warum soll ein Mineraliensammler, der in seinem Beruf nur schmale Einkünfte hat, diese schmalen Einkünfte nicht durch »Holen« und anschließendes, vorbedachtes »Verhökern« aufbessern? Weshalb nicht?

Bevor wir unseren eigenen Standpunkt darlegen, mögen einige kurze Zitate aus der VFMG-Zeitschrift »Aufschluß« die Lage schärfer umreißen:

»Wir sollten rechtzeitig bemüht sein, die Ausbreitung einer merkantilen Betrachtungsweise unserer Liebhaberei zu verhindern.« (Dr. Werner Lieber, Heidelberg)

»Es haben sich in den letzten Jahren mehr und mehr Sammler zu Mineralienhändlern gemausert. Vorher waren diese Herren erfolgreiche Schwarzhändler, nun wurde der Umsatz und der Geldverkehr so groß, daß ihnen nichts anderes mehr übrig blieb, als die Flucht nach vorne zum Finanzamt anzutreten.« (Wolfram Roemer, Idar-Oberstein)

»Es ist nichts einzuwenden, wenn jemand beim Tausch mit Sammlerfreunden bei einem Stück, das er gerne haben möchte, einen Wertausgleich in Geld vornimmt, wenn das im Rahmen bleibt. Unbeliebt aber sind bei ernsthaften Sammlern die Zeitgenossen, die Fundplätze rücksichtslos und wagenladungsweise ausbeuten und die Stücke dann auf Veranstaltungen der VFMG feilbieten.« (Dr. Rudolf Metz, Karlsruhe-Durlach)

»Wir sollten uns auf das besinnen, was wir uns alle am Anfang unserer Sammlertätigkeit vorgenommen haben: Austausch von Kenntnissen, Vermittlung von Fundstellen, Aufbau und Vervollständigung unserer Sammlung unter Mitwirkung unserer Freunde und zu angebrachten Preisen. Wir wollen Freizeitgestaltung und Aneignung von Kenntnissen – wir wollen kein Geschäft.« (Hans Hölter, Schwalmtal)

Gelblichweiße Stabkristalle von Calcit auf rostbraunem Muttergestein, Winterberg im Harz. ¹/₃ der Originalgröße.

Unser eigener Standpunkt? Er trifft sich im Prinzip mit den zitierten Äußerungen, bringt aber die bewußte Fragestellung in noch engere Beziehung zu den heutigen natürlichen und bergbautechnischen Gegebenheiten:

Zahlreiche Mineralvorkommen, in größerem Umfang auch bei uns in Europa, sind im wahrsten Sinne des Wortes ausgeschlachtet worden. Viele einst ergiebige Fundstellen in der freien Landschaft sind nur noch Dreckhaufen. Viele Gruben sind geschlossen, etliche Abbauten stillgelegt worden. Das naturgegebene Grundkapital, auf das der Mineraliensammler angewiesen ist, befindet sich in einem Prozeß der Schrumpfung. Da die Amateure nicht nur an sich selbst denken, sondern auch an die Jugend, an das Morgen und Übermorgen der nachwachsenden Generationen, kann und darf es ihnen nicht gleichgültig sein, ob die planmäßige Ausbeutung der Bodenschätze auch noch durch Sprengstoffhelden und Profitjäger forciert wird. Insofern gebietet die »Vernunft der reinen Kritik«, allen Auswüchsen in dieser Beziehung zu begegnen.

Diese Einstellung wird auch die nachfolgenden Schilderungen diktieren, die mit weiteren praktischen Hinweisen verknüpften Berichte von Exkursionen im In- und Ausland.

IV. Exkursionen im Tiefland und Mittelgebirge

Die ungeschriebenen Gesetze für Gruppentouren

Gleich zur Sache! Eine zünftige, waschechte Exkursion mit mehreren Teilnehmern rollt nach einem ungeschriebenen, konsequent befolgten »Grundgesetz« an. Es umfaßt insgesamt *sechs Voraussetzungen* für das gute Gelingen der gemeinsamen Tour:

• Festlegung der Zielpunkte, genaue Kartenstudien, zeitliche Vorberechnungen bis zum Termin der Rückkehr.

• Vorangehende gegenseitige Abstimmung der mitzuführenden Ausrüstung, letzte telefonische Verständigung (Wetterlage!) wenige Stunden vor dem Aufbruch.

• Vorangehende Absprache, welches Werkzeug mitgenommen werden soll – exakt: wer was in seinem Wagen mitführen wird. Diese Absprache betrifft auch die Transporthilfen wie Rucksäcke, Tragetaschen, Kisten für die Kofferräume.

• Vorangehende gegenseitige Abstimmung der mitzuführenden Verpflegung, zugepaßt auf die Zahl der Teilnehmer und die vorkalkulierte Dauer der Exkursion.

• Einigung innerhalb der Gruppe auf die Abfahrtszeit – bei Benutzung nur eines Wagens ohne offene Frage, bei getrenntem Aufbruch mit mehreren Fahrzeugen den betreffenden Freunden zur eigenen Entscheidung überlassen. (Grundsätzlich liegen die Abfahrtszeiten beim frühesten Morgen, in der Regel zwischen 4.30 und 6.30 Uhr.)

• Genaueste, örtliche und zeitliche Festlegung des morgendlichen Treffpunktes unweit des ersten Tourenziels – also getrennte Anfahrt bei mehreren Wagen, Unabhängigkeit voneinander, strikte Vermeidung, nach dem »Ziehharmonika-System« gemeinsam zu rollen, selbst wenn man sich überholen sollte. Stille, immer geltende Vereinbarung: Wer zuerst zur Stelle ist, wartet alle anderen ab. Ein Weggehen vom Treffpunkt gibt es nicht, außer wenn man zu zweit oder in größerer Partie ist.

Soweit diese sechs »Paragraphen« des ungeschriebenen Gesetzes. Und nun zum Ablauf der ersten, *als Beispiel dienenden Exkursion:*

Die Fahrt ins Siegerland

Ein wunderschöner Samstag im September. In drei Partien zu je zwei Mann, in drei Autos, sind wir bei Sonnenaufgang gestartet – das eine Duo in Darmstadt, das andere in Buchschlag bei Frankfurt am Main, das dritte Zweiergespann in Offenbach; Ziel: das *Siegerland.*

Treffpunkt um 5.15 Uhr ist die Ausfahrt Wilnsdorf auf der Autobahn Gießen/Wetzlar – Siegen – Dortmund. Kurz vor halb sechs geht die Fahrt weiter, abermals nach dem Motto »Jeder für sich«. Die Route läuft über Herdorf, Betzdorf bis knapp vor Wissen, dann hart nach Süden, bis Gebhardshain. Dort ist die Mannschaft nach rund einstündiger Etappe wieder schnell beisammen. Wir rollen nur noch wenige hundert Meter aus der Ortschaft hinaus – da ist schon der Zielpunkt Nummer 1 der Sechs-Mann-Tour: ein kurzer, von Bäumen umgebener Hang, direkt neben der asphaltierten Schlängelstraße, die bergauf führt, mit sichtbaren Spuren von kürzlich erst abgeschlossenen Kanal- und Planierungsarbeiten. Und eben diese Ummodelung im Gelände war es auch gewesen, die den einen unserer Freunde aus Buchschlag, einen gebürtigen Siegerländer mit langem Nachrichten-Arm, alarmiert hatte! Drum unser baldiges Erscheinen, um nach dem Rechten zu sehen ...

Was könnten wir finden? Worauf ist in erster Linie zu achten? Der Freund aus Buchschlag, ein Meister im Unterspielen – nebenbei bemerkt auch Organisator der immer stärker aufkommenden »Dreieich-Mineralien-Börsen« im Bürgersaal von Buchschlag –, raunt nur leise: »Die dunklen Brocken da oben ... könnten für einige nette Dinge zuständig sein.«

Die angesprochene »Zuständigkeit« wird schon bald näher untersucht, die Hämmer übernehmen die Aufklärungsarbeit. Erfreuliches Ergebnis nach einer halben Werkstunde: die braunschwarzen, meist kugeligen Gebilde enthalten gemeinen Brauneisenstein (Limonit), gelegentlich etwas Kupferkies – und, wenn auch sehr spärlich, froschgrünen Malachit! Das ist natürlich Grund genug für uns alle sechs Mann hoch, die Such- und Wühlarbeit mit verstärktem Druck fortzusetzen. Als die Sonne schon durch die Baumspitzen blinzelt, ist noch kein einziger, wirklich guter Fund gelungen. Aber nach dem bewährten Rezept, Geduld zu üben, wird eifrig weiter geforscht.

Noch gut eine Stunde geschieht wenig, ist die Ausbeute mager. Dann aber, als einer von oben her brüllt: »Hallo – ein toller Malachitstern!«, kommt frischer Wind auf. Erst wird der wunderschöne Fund angestaunt. Es ist ein saftig grüner, lebendig strahlender Stern aus feinen, länglichen Malachitkristallen, die auf der Spaltfläche einer halbierten, unansehnlichen Kugel aufsitzen. Der grüne Stern hat längere und kürzere kristalline Strahlen, ist etwa 25 mm lang und 15 mm breit. Sogleich nach dem eingehenden Studium wird weitergemacht, läuft die Arbeit doppelt gut. Und es gelingt schließlich, noch einige weitere Treffer zu landen: mehrere Limonit-Gebilde mit ansitzenden, kleinen, aber ganz reinen Quarzkristallen, ferner ein halbes Dutzend apfelgroßer Brauneisenbrocken, die nach dem Aufschlagen sehr gefällige Kupferkies-Einlagerungen offenbarten. Wir sind's zufrieden und beschließen, den nächsten Zielpunkt der Exkursion anzusteuern. Er heißt Eichelhardt und liegt nicht weit von Gebhardshain, zwischen Wissen und Altenkirchen.

Die waldigen Auen bei Eichelhardt – in Sichtweite einer längst stillgelegten Grube, auf der man früher u. a. die Nickel-Mineralien Ullmannit und Gersdorffit gefunden hat –, haben eine seltsame Eigenschaft: Ein Teil ihrer Wege ist buchstäblich mit hübschen Mineralien gepflastert, man hat diese Wege durch Aufschüttung von Siderit-Kupferkies-Knollen aus dem Haldenmaterial für die Befahrung durch schwere Wagen stabilisiert. Diese Tatsache deprimiert uns nicht etwa, sie wärmt vielmehr unsere Herzen. Wir wandern also nun, bestrahlt vom Scheinwerfer der schon hoch stehenden Sonne, die besagten Waldwege entlang, schauen unverdrossen auf die Erde und bücken uns zuweilen: Äußerst behutsam, um ja nicht des vorsätzlichen Flurschadens bezichtigt zu werden, heben wir mal hier, mal dort einen solchen rotbraunen Knollen auf, machen das entstandene Loch wieder gewissenhaft zu und lassen neben dem Weg einmal

Versteinertes Holz, wechselnde Tönungen von honiggelb und schwarzgrau, nahe Rauris, Österreich. ¹/₂ der Originalgröße.

kurz den Hammer sausen. Erfolg? Einige Stücke lohnen das Mitnehmen; denn die goldfarben glänzenden Kupferkies-Einlagerungen sind sehr reizvoll und können noch daheim näher analysiert werden.

Unser Aufenthalt nahe Eichelhardt galt einmal dem geschilderten Kuriosum – selbstredend auch ein sachdienlicher Tip unseres Teamkameraden aus Buchschlag –, galt zum anderen der Absicht, inmitten dieser stillen, sympathischen Landschaft ein ausgiebiges Picknick zu genießen. Was nun auch geschieht. Eine volle Stunde hindurch schalten wir von der Mineralogie völlig ab, erzählen uns die neuesten Neuigkeiten von gemeinsamen Bekannten und sind ausgezeichneter Laune. Der Kollege aus Darmstadt, der den prächtigen Malachitstern sein eigen nennt, hält die halbierte Limonitkugel immer noch in seiner Hand und wirft dem kleinen Naturjuwel väterlich-vertrauensvolle Blicke zu ... als wäre es eine Eigenschöpfung aus der häuslichen Alchimistenküche. Wir anderen lächeln auch schon ganz verklärt...

Das dritte Ziel der selten harmonisch ablaufenden Exkursion?

93

Es ist eine Ortschaft nördlich von Eichelhardt, unmittelbar an der Chaussee von Wissen nach Waldbröl. Hier, in einem relativ kleinen Steinbruch, der neben einem Schützenhaus liegt, beginnen wir heute zum erstenmal mit dem, was wir Arbeit nennen: Es gilt, aus dem bröckeligen, nur noch stellenweise kompakten Gesteinsverband einige gute Stücke von »Braunem Glaskopf« sowie eine Anzahl von »Berg-Eiern« herauszuholen und nach Möglichkeit unbeschädigt zu bergen.

Was versteht man unter einem »Braunen Glaskopf« und unter einem »Berg-Ei« (auch als »Berg-Nest« bezeichnet)? Kurz die Erklärung, auf einfachste Art: Wir unterscheiden bei den sogenannten Glasköpfen, blasenartig ausgeformten und glasig erscheinenden Kristallkörpern, zwischen dem »Roten Glaskopf« (Mineral: Hämatit), dem »Braunen Glaskopf« (Mineral: Limonit/Brauneisen) und dem »Schwarzen Glaskopf« (Mineral: Psilomelan/Hartmanganerz). Es handelt sich also bei dem Vorkommen, dem heute und hier in dem Steinbruch ein Teil unserer Arbeit zugedacht ist, um den »Braunen Glaskopf«, eine besondere Entwicklungsform des Mineralgemenges Limonit. Genau besehen, sind diese blasenartigen, schimmernden Gebilde zum weitaus geringeren Teil braun, zum überwiegenden Teil glänzend oder etwas matter schwarz. – Was nun die »Berg-Eier« bzw. »Berg-Nester« betrifft, handelt es sich um eigenartige, ring- und bandförmige sowie ei-ähnliche Einbettungen von wenig ansprechendem, ganz gewöhnlichem Quarz in demselben limonitischen Gestein. Wir hoffen also, größere Gesteinsstücke zu finden, in denen solche gelb-weißlichen »Eier«, fest und starr umschlossen, eingelagert sind. Unser Bemühen wird es dann sein, einige Exemplare davon in behutsamer Kleinarbeit herauszuschälen.

Die Arbeit läßt sich sehr gut an. Im linken Bügel des uralten Aufschlusses – man spricht heute noch von der Stelle als ehemaliger »Grube Huth« –, finden wir schon nach kurzer gemeinsamer Suche einige verwitterte Gesteinsbrocken mit ansitzendem »Braunem Glaskopf«. Die fraglichen Ausbildungen zeigen teilweise kleine, glänzende Kugeln, teilweise oben leicht eingewölbte, ebenfalls recht kleine Kristallstäbchen mit radialer Musterung auf den Endflächen. Es ist relativ einfach, die gefälligsten Partien von Glaskopf aus den im Durchschnitt fußballgroßen Gesteinsstücken herauszumeißeln. Nach einer knappen Stunde sind wir alle sechs gut bedient, haben für unsere Sammlungen genug. Doppelt und dreifach so kompliziert die Arbeit an den »Berg-Eiern«. Zunächst nimmt schon das Ausfindigmachen der Einschließungen im Gesteinsgefüge der Wand einige Zeit in Anspruch. Dann, als insgesamt vier solcher Stellen ausgeforscht sind, muß zunächst mit schwerem Werkzeug rangegangen werden. So brüchig und mürbe das Gestein von außen her erscheint, so zäh und hart ist es in Wirklichkeit. Ohne Brechstange, Vorschlaghammer und unsere stabilsten, größten Spitzmeißel wäre hier überhaupt nichts auszurichten. Alle Männer der Exkursionsgruppe sind voll in Aktion und müssen eisern zupacken. Wir arbeiten wechselweise und bringen, an drei der vier ausgeforschten Stellen nacheinander, eine ganze Menge Zeug von der Wand. Da wir sechs Tourenkameraden insgesamt vier Sammlungen haben, gilt es also nun, mindestens vier Exemplare von diesen »Berg-Eiern« sauber herauszulösen. Das ist keine Sache der Kraft, das ist Sache des Fingerspitzengefühls. Man muß erst mit Hilfe eines scharfen, harten Taschenmessers außen herum vorritzen, einschneiden, um genau nach der Kontur der oval-gerundeten Einbettung zu gehen. Eine solche vorsichtige »Umwanderung« dauert beim einzelnen Objekt mindestens fünfzehn bis zwanzig Minuten. Obgleich wir gleichzeitig an mehreren Stükken arbeiten, vergehen eineinhalb Stunden, bis wir mit dem Erreichten zufrieden sind und durch Mehrheitsbeschluß für den Aufbruch stimmen. Es ist gegen 17.15 Uhr, also ohnehin an der Zeit, die Rückfahrt anzutreten. Erfolg der dritten Etappe in der Ex-Grube Huth: Für alle vier Sammlungen genug »Braune Glasköpfe« und für drei unserer Sammlungen auch jeweils ein bis zwei recht beachtliche »Berg-Eier«. Das Zweigespann aus Darmstadt hat vorzeitig die weiße Fahne gehißt, die Arbeit mittendrin eingestellt und ein Mordstrumm in den Wagen verladen, um erst zu Hause den Ausbau der Quarzkugeln zu vollenden.

Wie immer bei Exkursionen dieser gut eingespielten Mannschaft, ist der Abschied kurz und schmerzlos. Wer mit dem Einpacken fertig ist, beehrt die anderen noch mit einem Gruß und geht auf Achse. Welche Route heimwärts und wie schnell, das ist seine Sache. Heute ist es ebenso mit dem Auseinandergehen, kurz nach halb sechs sind die beiden Autos mit dem »OF« im Schilde und der andere Wagen mit dem »DA« längst über alle Berge. Die Sechser-Tour ins Siegerland kommt zu den Akten.

Sachliche Frage: Kommt die Exkursion ins Siegerland tatsächlich schon in diesen Stunden zu den Akten? Antwort: Weit gefehlt. Eine Unternehmung der geschilderten Art hat quasi noch ihr Nachspiel, genau genommen ihre mehrfachen Nachspiele. So wie wir am Anfang des Kapitels vom ungeschriebenen »Grundgesetz« gesprochen haben, von insgesamt sechs organisatorischen Voraussetzungen für das Gelingen der gemeinsamen Tour, so ist jetzt der Augenblick gekommen, die üblichen Abwicklungen zu erläutern.

Die Abwicklung

Diese Vorgänge gelten zu einem Teil der Gemeinschaft, zum anderen Teil dem Eigeninteresse. Wiederum können wir die Dinge in sechs Punkte unterteilen:

● Gegenseitige, telefonische Verständigung noch am gleichen Abend, daß unterwegs alles gutgegangen ist, daß man heil daheim gelandet ist.

● Hat der eine vom anderen irgendein Material mit an Bord genommen — was in Sachen Steine, Werkzeug, Garderobe, Picknickzeug usw. regelmäßig vorkommt —, erfolgt der Austausch innerhalb kürzester Zeit.

● Der eben, noch vor dem ersten Punkt notierte Hinweis auf die »Gemeinschaft« bezog sich nicht allein auf die Teilnehmer der Fahrt ins Siegerland. Er war im erweiterten Sinne gemeint, bezogen auch auf andere Sammlerkollegen, auf andere Freunde, die ebenfalls zur Gemeinschaft eines solchen Kreises zählen. Praktisch heißt das: die Heimkehrer, egal in welcher »Besetzung« sie unterwegs gewesen sind, bedenken gewohnheitsmäßig, wer von den nicht-mitgekommenen Kolleginnen und Freunden von den Fundstücken etwas abbekommen soll. Das ist Usus und wird innerhalb kürzester Zeit erledigt. Eine Sache der selbstverständlichen, stillen Revanche und überall gültig, wo man sich gut versteht.

● In der freien Zeit der Tage nach einer Exkursion wird zu Hause all das abgewirtschaftet, was in praktischer Beziehung noch zu tun ist: Waschen, Trocknen und Aufteilen der Fund-

stücke. Wiederherrichten und Neu-Bereitlegen der Ausrüstungs-
gegenstände, der Werkzeuge, fallweise »Umschichten« in der
Sammlung und im Keller.

● Solange der zeitliche Abstand zur Sammlertour kurz, der Geist
noch an den einzelnen Fund- und Arbeitsstellen ist, werden je
nach zahlenmäßigem Bedarf die Etiketten geschrieben. Wer sich
unterwegs schon Notizen gemacht hat, kann davon nur profitieren.

● Hand in Hand mit dem Herrichten der Etiketten, oder auch als
gesonderte Etappe einige Tage später, wird kurz und knapp dem
Tourenbuch anvertraut, wie die Exkursion verlaufen ist.

Mancher Leser, vorerst Laie, mag sich denken: So streng sind da
die Bräuche? Wir können dazu nur sagen: Das ernsthafte Sammeln von Mineralien erfordert eine gewisse Systematik, einen
ganz normal ausgeprägten Sinn für Ordnung – nicht zu verwechseln mit Pedanterie und schrulligem »Klein-Klein«. Wer es zu
etwas bringen will, braucht neben guten Augen und stabilen
Muskeln auch eine gut geölte Denkmaschine.

Tief unter Tage auf Sohle 9

Auf dem Programm einer Tagung, zu welcher der Verfasser eingeladen worden ist, steht auszugsweise dies:

Ablauf der dreitägigen Herbstveranstaltung der Fachgruppe für
Montangeschichte im »Bergmännischen Verband Österreichs«
(BVÖ) – mit dem Tagungsort Alpengasthof »Arthurhaus«, Mitterberg. A-5505 Mühlbach am Hochkönig/Bundesland Salzburg:

1. Tag u. a.: 16.20 Uhr Dipl.-Ing. A. Awerzger, Vortrag über
den »Prähistorischen Kupferbergbau am Mitterberg bis zum
Ende der Mitterberg-Kupfer-A.G.« – 17.00 Uhr Bergdirektor
Dipl.-Ing. S. Biangardi, Referat über den »Heutigen Kupferkies-
bergbau Mitterberg«.

2. Tag u. a.: 7.30 Uhr Gemeinsame Abfahrt mit Autobus zum
Westfeld, zur Grubenbefahrung eines Teiles der Anlage. – 18.00
Uhr Dr. Clemens Eibner, Darstellung der »Neuen Erkenntnisse
über den prähistorischen Kupferbergbau Mitterberg«.

Der kurze Auszug sagt genug, und die für den zweiten Tag des

Treffens vorgeplante Grubenbefahrung ist auch unser Stichwort für den folgenden Bericht:

Über die Autobahn München – Salzburg, dann weiter nach Süden, via Hallein und Kuchl, fahre ich ganz früh morgens nach Bischofshofen, biege dort westwärts nach Mühlbach ab und bin gegen sieben Uhr am »Arthurhaus«, gut 1500 m hoch. Die Tagungsteilnehmer sitzen gerade beim Kaffee, und der Neuankömmling mit seinem ausgeblichenen Cordhut und den gelben Gummistiefeln wird mit freundlichem »Glückauf!« begrüßt. Ein paar Fragen, ein paar Antworten, und schon rollt ein schwerer Bus mit siebzehn Insassen in Richtung Westfeld los.

Es geht über die Straße in Richtung Dienten, Hinterthal, Alm und Saalfelden, im Stil einer Achterbahn. Plötzlich, mitten im Wald, bremst der Fahrer ab und legt den ersten Gang ein: der Bus klettert nach rechts hinauf, schiebt sich noch um zwei Kurven und hält vor einem breiten, ziemlich flach konstruierten Haus. Es ist das Grubengebäude über dem Westfeld des Kupferkiesbergbaus Mitterberg, der Ausgangspunkt für unsere Reise in die Unterwelt.

Der Betriebsleiter und ein mitbeorderter Steiger zeigen uns den Weg zur Kaue, dem Umkleide- und Waschraum der Bergleute. Unsere »Oberwelt-Garderobe« wird gegen derbe Jacken und ebensolche Hosen eingetauscht, jeder bekommt einen passenden Schutzhelm, jeder befestigt noch über der Brustpartie eine kleine, lichtstarke Grubenlampe – und schon ist der komplette Trupp im vordersten Stollen und marschiert in Richtung Förderkorb los. Der Boden ist lehmig und naß, die Wände im Stollen sind feucht. Es geht aber mühelos voran, nach fünf Minuten sind allesamt am Korb. Es muß in mehreren Partien hintereinander eingefahren werden, mit jeweils fünf, sechs Mann. Ein tolles Gefühl, so mit 4 Meter pro Sekunde elegant in die Tiefe zu rauschen, in einem Gitterkasten mit zwei offenen Seiten, die Hände oben fest am Gestänge. Schon wird der Korb abgestoppt, tanzt noch ein wenig auf und nieder, wir sind auf der Zwischenstation und warten, bis alle Mann beisammen sind. Dann heißt es wieder, ein Stück zu marschieren, bis zum nächsten Förderschacht. Einsteigen bitte, und kurze Zeit darauf ist die Studiengruppe in etlichen hundert Metern Tiefe vollversammelt, auf Sohle 9, wo gerade abgebaut wird.

Kupferkies: Jetzt haben wir einmal Gelegenheit, dieses wunderschöne Mineral so zu sehen, wie es im Gesteinsgefüge unter Tage eingebettet ansteht. Jetzt haben wir auch die Chance, den Kupferkies in Paragenese mit dem Hämatit so kennenzulernen, wie er hier in der Tiefe an den freigesetzten Wänden sitzt. Es sind nur noch sechzig, siebzig Meter, aber der Boden ist dermaßen schlammig und weich, daß man genauestens aufpassen muß, um nicht womöglich auszurutschen. Es geht noch um eine finstere, nur ganz schwach ausgeleuchtete Ecke. Dann stehen wir vor einem großen Loch, in dem rechts eine primitive hölzerne Rutsche für das Fördergut eingezogen ist und links daneben eine ebenso simple, aber starke, belastungsfähige Holzleiter zum Abbau hinaufführt. Einer hinter dem anderen kraxelt die Leiter hoch – wir sind am Ziel, wir sind vor Ort.

Die Lichtkegel der Grubenlampen lassen die Szene noch gespenstischer, noch unheimlicher erscheinen, als sie ohnehin ist. Wir trampeln auf lauter Gestein herum, in dem es stellenweise gelb und goldfarben blitzt, auch bläulich und schwarz spiegelt: Kupferkies und Hämatit. Irgend jemand hinter mir murmelt etwas von »lausiger Kälte« oder ähnlich, aber das höre ich gar nicht. Für meinen Sammlergeist ist in diesen Minuten nur eines, nur zweierlei, nur dreierlei wichtig: einen guten Kupferkies, eine ebenso gute Verwachsung mit Hämatit und, falls möglich, noch etwas Arsenkies zu entdecken, der ebenfalls hier dem Gestein beigemengt ist. Meine Grubenlampe tastet Meter nach Meter der Wandung ab, doch der Erfolg ist gleich null. Erst nach drei oder vier Minuten, die mir wie Sekunden weggeflogen sind, strahlt mich endlich ein gelbschwarzer Fleck an, gut zweieinhalb Meter hoch in der tunnelartigen Wölbung. Was tun? Da komme ich nie und nimmer mit dem Hammer hin. Ein werter Kollege aus der Studienmannschaft ist so hochherzig, mir seine Schultern als Podest zur Verfügung zu stellen: Ich klettere dem Herrn auf den Buckel, halte mich an der Wand fest, der Untermann richtet sich vorsichtig auf, und die Schnellarbeit kann losgehen! Nach einigen Minuten habe ich die Sache geschafft und darf dem Betriebsleiter, der zu Hilfe gekommen ist, eine traumschöne Platte mit Kupferkies und Hämatit hinabreichen. Bin ganz stolz und bin ganz glücklich, auch wenn es mit dem Arsenkies nicht mehr sein soll. Vielleicht ein andermal, noch ist nicht aller Sammlertage Abend.

Das Tagungsprogramm spricht sein Machtwort, es muß bereits zurückmarschiert werden. Wie wir gekommen sind, gehen wir auch wieder. Diesmal beschert man uns auf halbem Wege eine kurze Fahrt an Bord von kleinen Wägelchen, die sich neben den Hunten – den stämmigen Transportwagen für das Fördergut –, wie vornehme, gepflegte Luxusfahrzeuge ausnehmen. Die Rumpelreise im Schlepp einer kastenförmigen Grubenlok ist leider viel zu kurz, der erste Gitterkorb wartet schon auf die Heimkehrer.

Mit der traumschönen Platte unter dem Anorak, die linke Hand sehr behutsam darunter, sage ich der Sohle 9 Adieu und hänge die rechte Hand an die Haltestange im Förderkorb. Die Reise in die Unterwelt hat gleich ihr Ende. Zehn Minuten später wandern die völlig verdreckten Gummistiefel durch das knöchelhohe Säuberungsbecken. Die Bergmannstracht hat ihre Schuldigkeit getan, Helm und Lampe kommen wieder an ihre Plätze. Und die milde Herbstsonne begleitet uns zurück in die Realitäten der Oberwelt.

Offene Türen, Stacheldraht und das Recht

Die goldene Freiheit, die ein Mineraliensammler genießen darf, hat ihre Grenzen. Diese Grenzen liegen, äußerlich betrachtet, an Barrieren und Schlagbäumen, an Mauern und Zäunen, also überall dort, wo ein privater Grundbesitz oder die Anlage eines Bergbaubetriebes zu erkennen ist. Und die gleichen Grenzen, innerlich und geistig betrachtet, sind überall dort gezogen, wo die Rechte des einzelnen Sammlers aufhören und seine Verpflichtungen gegenüber Dritten beginnen. Das ist, auf einen einfachen Nenner gebracht, der Ausgangspunkt für unsere Überlegungen im folgenden Abschnitt.

Genehmigungen

Die Bemühung, einem Anfänger mit Rat und Tat zur Seite zu stehen, darf die Fragen von Recht und Pflicht auf gar keinen Fall außer acht lassen. Im Gegenteil, diese Dinge sind für die Sammelpraxis von allergrößter Bedeutung. Ob wir im Flachland, im Mittel- oder Hochgebirge unterwegs sind: Der Plan, auf dem

Besitz eines privaten Eigners oder auf einem Bergwerksgelände Mineralien und Kristalle zu suchen, steht und fällt mit der *Genehmigung*.

Um diesen wichtigen Fragenkomplex in der gebotenen Helligkeit und Härte auszuleuchten, reihen wir jetzt eine Anzahl gegenwartsbezogener, treffender Beispiele auf. Man wird auf diese Weise die sachlichen Zusammenhänge schnell erfassen können und die von uns dargelegte Auffassung verstehen. Hier nun die Serie der praktischen Beispiele:

Zu den bekanntesten bundesdeutschen Lagerstätten von Kupferkies, einer Verbindung aus Eisen, Schwefel und Kupfer mit wunderschönen goldgelben Kristallbildungen, gehört Bad Grund im westlichen Harz, etwa 10 km entfernt von Clausthal-Zellerfeld. Das hier ansässige Erzbergwerk Grund, verwaltet von der PREUSSAG AG und im Reich der Mineraliensammler als »Grube Hilfe Gottes« von bestem Ruf, wird sehr häufig per Post darum gebeten, die Erlaubnis zu einer Werksbesichtigung zu geben. Hinter den Anliegen steht natürlich die heiße Hoffnung, zu ein paar hübschen Exemplaren von Kupferkies, vielleicht auch noch von Bleiglanz, Siderit und Zinkblende, zu kommen. Nun, die zuständige Verwaltung muß leider einen Riegel vorschieben. Warum, das können wir gleich schwarz auf weiß lesen: Angenommen, Sie haben einen freundlichen Brief nach Bad Grund geschrieben und um die bewußte Genehmigung ersucht. Dann können Sie mit folgender Beantwortung rechnen, hier wörtlich zitiert aus einem solchen Schreiben:

»Wegen des unsererseits damit verbundenen Aufwands werden grundsätzlich keine Führungen von Einzelpersonen auf unserer Anlage durchgeführt. Es ist jedoch gelegentlich möglich, an dem Besuch einer größeren Gruppe teilzunehmen. Solche Führungen finden prinzipiell nur nach vorhergehender Absprache montags statt. Es tut uns daher leid, Ihnen eine Einzelbesichtigung nicht gestatten zu können.« Der Brief endet mit »Glückauf – Erzbergwerk Grund« und ist ergänzt durch zwei beiliegende Vordrucke. Auszugsweise ist auf den beiden Blättern zu lesen:

»Die Zahl der Besichtigungen hat einen Umfang angenommen, der vom Standpunkt des Betriebes nicht mehr verantwortet werden kann. Wir sehen uns zu der Maßnahme gezwungen, Besuchern nur noch am Montag (20 Personen) die Befahrung unserer

Werksanlage zu gestatten. Vorgesehene Besichtigungen müssen rechtzeitig bei der Werksdirektion angemeldet werden.« Und weiter auf dem zweiten Blatt, das jeweils vor einer Besichtigung in Bad Grund überreicht wird:

»Wir begrüßen Sie als Besucher unseres Erzbergwerks, möchten Sie aber auf die Unfallgefahren hinweisen, die besonders für Unkundige in jedem Industriebetrieb vorhanden sind. Bereits das Betreten und Begehen von Werksanlagen ist in jedem Falle für Außenstehende risikobehaftet. Die Gefahren sind für Sie im Bergwerksbetrieb erhöht, da Sie dort völlig ungewohnten Umwelteinflüssen begegnen. Eine Grubenfahrt bringt zudem besondere körperliche Belastungen mit sich. Ob Sie diesen gesundheitlich gewachsen sind, entzieht sich unserer Kenntnis. Wir müssen das Ihrer Beurteilung überlassen.«

Schäden – Haftung

Es folgen in dem Merkblatt die entscheidenden Formulierungen in bezug auf die *Haftung* – für den Anfänger im Mineraliensammeln ein ausgezeichnetes Lehrmuster: »Für eventuelle Gesundheitsschäden aus Unfall oder Überanstrengung usw. können wir nicht verantwortlich gemacht werden. Das gleiche gilt für Sach- und Vermögensschäden. Den Besuch unserer Werksanlage gestatten wir Ihnen daher unter der Voraussetzung, daß die Haftung für alle Schäden, welche anläßlich Ihres Besuches Sie selbst oder Dritte durch Ihr Verschulden erleiden, von Ihnen übernommen wird. Sobald Sie unser Gelände betreten, fällt das Schadenrisiko allein Ihnen zur Last.

Mit Ihrer Unterschrift in dem Ihnen zu Beginn Ihres Besuches vorgelegten Befahrungsbuch erklären Sie Ihre Zustimmung zum Haftungsausschluß einschließlich unserer Freistellung von Schadenersatzansprüchen Dritter.«

Kommentar unnötig.

Vor einem weiteren, bezeichnenden Beispiel schalten wir einige Notizen dazwischen, die dem gleichen Thema der *Verantwortung* und *Versicherung* gelten:

»Bedaure sehr, wir können Ihnen das Betreten unseres Steinbruchs nicht erlauben.« Das sagte vor einiger Zeit ein Herr von der Geschäftsleitung der Quarzit-Werke in Usingen, nördlich von Frankfurt am Main, zu dem Verfasser. Um eine nähere

Erklärung gebeten, fährt der Herr fort: »Die meist am Wochenende hierher gekommenen, ohne Genehmigung eingeschlichenen Sammler haben uns nur Scherereien eingebracht. Allein im letzten Jahr sind durch Beschädigungen und unsachgemäße Benutzung von Arbeitsgeräten auf dem Werkgelände Schäden von annähernd 50 000 Mark entstanden. Sie werden verstehen, daß wir einem solchen Treiben nicht mehr länger zusehen konnten.« Ich muß das verstehen.

Sehr ähnlich die Worte, die der Verfasser vor kurzem von Berthold Juchem – von der Firmenspitze des Steinbruch-Unternehmens »F. L. Juchem & Söhne« im Fischbachtal bei Idar-Oberstein –, zu hören bekam: »Ihr Steinesammler geht uns nur auf die Nerven. Tag für Tag bekomme ich Anfragen und Gesuche und Bitten wegen der Zutrittserlaubnis, von Schulen, Instituten, ganzen Sammlergruppen, auch einzelnen Personen – wissen Sie, was ich tue? Ich tue überhaupt nichts mehr, ich beantworte die Post gar nicht, das geht einfach zu weit. Bitteschön, wenn einer kommt und da hochmarschiert – wir sehen ihn nicht, wir wollen ihn nicht sehen.«

An dieser Stelle ist es unerläßlich, auf jenen tragischen Unglücksfall zu verweisen, der sich vor wenigen Jahren auf dem Gelände des Steinbruchs Juchem ereignet hat: Ein Mineraliensammler mittleren Alters – man sagt, es sei ein Belgier gewesen –, hatte sich beim Suchen auf einem gefährlichen, abschüssigen Hang direkt unterhalb eines zweiten Sammlers aufgehalten, der dort oben mit dem Aufspalten schwerer Gesteinsstücke beschäftigt war. Als sich plötzlich zentnerschweres Lockergestein an der Arbeitsstelle des anderen Mannes gelöst hatte, war der Sammler noch zur Seite gesprungen, hatte sich im kritischen Augenblick noch in Sicherheit bringen wollen – doch zu spät: der Herr ist durch herabstürzendes Gestein tödlich verletzt worden. Eine Tragödie, die einen schwarzen Schatten über die sonst so friedliche, stille Landschaft am Fischbach geworfen hat.

Man darf sich nicht wundern, daß angesichts so bitterer Erfahrungen mehr und mehr Steinbruch- und Grubenverwaltungen mit Zutrittsgenehmigungen geizen, große Warntafeln aufstellen und Barrieren errichten lassen und Mineraliensammlern nur noch behilflich sind, wenn diese bereits zu den Bekannten zählen, denen man hundertprozentig vertrauen kann. Nur so ist es auch zu deuten, daß manche Bergwerksdirektion heute überhaupt und immer »mauert«, wer auch schreiben oder selbst erscheinen mag. Die Versicherungsrisiken sind dermaßen hoch, und zugleich ist die Zahl der aktiven Sammler derartig angewachsen, daß die geschilderte Entwicklung nurmehr durch eine überlegte, voll verantwortliche Handlungsweise jeder Gruppe und jeder Einzelperson in Grenzen gehalten werden kann.

Unfälle – Versicherung

Wie ernst all diese Dinge genommen werden müssen – erst recht von einer Anfängerin oder einem jungen Nachwuchsmann – zeigt auch das folgende, praktische Beispiel aus dem Alltag einer bayerischen Schule:

Nach ausführlichem Bericht der Zeitschrift »SCHULE & WIR«, herausgegeben vom Bayerischen Staatsministerium für Unterricht und Kultus, ist kürzlich dies geschehen: Lehrer F. geht gern ins Gelände, und seine Schüler gehen mit ihm. Auch außerhalb der Unterrichtszeit. Für den nächsten schulfreien Samstag kündigt Lehrer F. am Schwarzen Brett einen erneuten Forschungsausflug an. Der größte Teil seiner Schüler radelt mit in einen Steinbruch. Als es nach der sachkundigen Führung wieder heimwärts geht, stürzt Schüler Georg W. mit dem Fahrrad und bricht sich ein Bein.

Das Malheur ist groß, mit ihm die entstehenden Kosten. Georgs Eltern übergeben die Arzt- und Krankenhausrechnung der Schule. Der Leiter der Schule reicht die Rechnungen an die gesetzliche Schülerunfallversicherung weiter, aber diese weigert sich zu zahlen. Begründung: »Es handelte sich nicht um eine *schulische Veranstaltung*, sondern um eine *Privatfahrt*.« Der Schulleiter widerspricht: »Ich habe die Ankündigung von Lehrer F. am Schwarzen Brett gelesen und nicht nur gebilligt, sondern mich über diese Initiative sogar gefreut. Deshalb war die Fahrt durchaus eine schulische Veranstaltung.«

Wie wurde nun *Recht* gesprochen?

Die Exkursion zum Steinbruch ist keine schulische Veranstaltung gewesen. Es handelte sich um eine reine Freizeit-Unternehmung eines Lehrers, an der Schüler außerhalb des Unterrichts freiwillig teilnahmen. Die Ankündigung von Lehrer F. am Schwarzen Brett, mit Schülern einen Ausflug zu unternehmen, konnte sie nicht zur schulischen Veranstaltung machen, selbst wenn der Schulleiter sie dort gelesen hat. Daran ändert auch die Tatsache nichts, daß die Fahrt direkt von der Schule aus angetreten wurde. Nur wenn eine derartige Exkursion ausdrücklich als »schulische Veranstaltung« gekennzeichnet wird, genießen auch die Schüler den Schutz der gesetzlichen Unfallversicherung.

Übertragen wir nun sinngemäß den bedauerlichen Beinbruch im Steinbruch auf das Mineraliensammeln allgemein und das Betreten von Bergwerksanlagen speziell, so bietet sich die Stellungnahme eines wirklich berufenen Experten für derartige Fragen an. In einem diesbezüglichen Gespräch mit dem Verfasser äußerte sich Dr. Ing. Wolfgang Waldner, Präsident des Oberbergamtes im Bayerischen Staatsministerium für Wirtschaft und Verkehr, wie folgt: »Ein verantwortungsbewußter Sammler von Mineralien, der in einem Bergbaubetrieb sein Glück versuchen will, handelt grob fahrlässig, wenn er nicht zuvor die entsprechende Genehmigung einholt. Das gilt naturgemäß im besonderen für den Aufenthalt in jederart Anlagen des Untertagebaus, ebenso für die Begehung von Höhlen draußen in freier Natur, die laut Gesetz eine rechtzeitige, nähere Informierung des betreffenden Bergamtes voraussetzt. Selbstverständlich liegt es auch im eigenen Interesse eines jeden Sammlers, der in einem Übertage-Betrieb des Bergbaus oder in einem Steinbruch arbeiten will, um die Erlaubnis hierfür nachzukommen, bei den Betriebsleitungen. Man denke nur an die Gefahren durch falsch eingeschätzte Überhänge an Felswänden, ferner an die Gefährdung durch Lockergestein, die sich als Folge von vorangegangenen Sprengungen ergeben. Von einem Betriebsleiter oder einer anderen, beauftragten Person begleitet und beraten, kann der Sammler dann in Ruhe und Konzentration seine Arbeit durchführen.«

Rechte und Pflichten im Ausland

Im gleichen Zusammenhang ist es gewiß von Interesse, einmal über die Grenzen unseres Landes zu sehen und anhand von vergleichenden Beispielen festzustellen, ob unsere Auffassung von den Rechten und Pflichten eines Mineraliensammlers auf festem Boden steht oder nicht.

Unsere vergleichenden Studien beginnen in *Österreich*, in der Steiermark: Ein Sammler, der voller Zuversicht von Westen her durch das idyllische »Gesäuse« angerollt kommt und über Hieflau auf die alte Bergmannsstadt Eisenerz zusteuert, wird bestimmt beim Anblick der gigantischen Stufenpyramide des Erzberges mit baldigen, traumschönen Mineralfunden rechnen. Als Mensch mit guten Manieren wird er also umgehend die Bergbaubehörde in der verwinkelten Innenstadt von Eisenerz aufsuchen und höflich darum bitten, das Terrain des Erzberges betreten zu dürfen. Die Antwort ist mit Sicherheit genauso höflich wie das Anliegen – aber sie lautet unfehlbar: »Nein, wir können Ihnen hier die Genehmigung nicht geben. Über den Zutritt zur Anlage, egal von welcher Seite her erbeten, entscheidet einzig und allein die Generaldirektion der ›VOEST ALPINE‹, und diese unsere oberste Verwaltungsspitze hat ihren Sitz . . . bedauere sehr . . . in Linz.« Das Fazit der Vorsprache? Entweder nach Linz hinauffahren, via Liezen eine Sache von über 200 Kilometern – einfache Tour, versteht sich. Oder vertagen und erst einmal nach Linz schreiben? Oder kapitulieren, überhaupt?

Wir sehen bereits an diesem ersten Beispiel, daß es dort draußen vor den Türen des bundesdeutschen Westens auch gar manches Problem gibt, das erst gelöst sein will. Und nun zum zweiten, vergleichenden Beispiel: Mit einem Riesensprung nach Süden versetzen wir uns in ein schon klassisches »Dorado« der Mineraliensammler aus aller Welt – auf die *Insel Elba*.

Wer es (nach dem üblichen Kleinkrieg an der Kasse) im Fährhafen Piombino geschafft haben sollte, mit oder ohne Wagen auf das mineralreiche Eiland überzusetzen, wird spätestens am darauffolgenden Tag die ersten Fäden spinnen, um die blau und grün, rot und braun gefärbten Riesenterrassen der Hämatit-Pyrit-Lagerstätte von Rio Marina betreten zu dürfen. Was kann er tun? Er erkundigt sich, wann und wo eine solche Erlaubnis zu erhalten ist, und begibt sich in das fragliche Büro. Dort wird man ebenso höflich sein wie in Eisenerz und – sofern nicht besondere, vielleicht berufsbedingte Pluspunkte ins Spiel gebracht werden können –, darauf verweisen, daß immer nur an Samstag-Vormittagen Besichtigungen des Werksgeländes möglich sind, in geschlossenen Gruppen, unter fachlicher Aufsicht und für eine Aufenthaltsdauer von zwei Stunden. Nun, wenn der Bittsteller an einem Donnerstag oder Freitag vorspricht, ist die Sache nicht so problematisch. Sollte er jedoch in der Mitte oder gar zu

Beginn einer Woche im besagten Büro erscheinen, dann heißt es eben: warten. Fest steht, daß jedermann zu seinem Erlaubnisschein, kurz genannt »Permesso«, kommen kann. Ein solches Papier sieht recht bescheiden aus, hat die Größe eines DIN-A-5-Bogens und trägt dann, beispielsweise, diesen Text:

PERMESSO PER VISITARE LE MINIERE

Visitatori No: 17
(Besucher)
IL SIGNOR:
Hans-Joachim L e h m a n n
―――――――――――――――――――――
(scrivere cognome e nome in stampatello)
Nazionalita:
Repubblica federale Germania

. . . und ab hier weiter im deutschen Text:
Begleitet von folgenden Personen (bei Kindern Angabe des Alters):
Anneliese L e h m a n n , Ehefrau
―――――――――――――――――――――
Wolf-Rüdiger L e h m a n n , zwölf
―――――――――――――――――――――

Die Direktion von »Italsider / Miniere Elba« erteilt hiermit die Genehmigung, die Bergwerksanlagen von Rio Marina (Provinz Livorno) im Abschnitt »Valle Giove« zu besuchen am:
25 / 9 / 1976 von acht bis zehn Uhr
―――――――――――――――――――――

Es ist streng untersagt, Stollen zu betreten sowie Mineralien oder Erzproben zu sammeln und zu fotografieren.
Dieser Erlaubnisschein ist nur für den Tag gültig, der oben angegeben ist, und auch nur für die oben festgesetzte Zeitspanne.

(Unterschrift eines Bevollmächtigten)

Bei genauerem Lesen wird man nun annehmen müssen, daß die genehmigte Besichtigung eben nur die »Sicht« gestattet. Dies ist zum großen Glück der nach Elba wallfahrenden Mineralienpilger nicht der Fall. Der Zutritt zum »Valle Giove«, wenn auch gewohnheitsmäßig per Bus und zeitlich eingeschnürt, schließt sehr wohl die Chancen ein, auf der fraglichen Abbauterrasse umherzugehen, schöne Stufen von Hämatit und Pyrit zu suchen, zu finden und in den Taschen unterzubringen. Als Aufpasser dient ein Beauftragter der Minendirektion, dessen Herz durchaus zu erweichen ist, wenn man seine stillen Sehnsüchte erforscht hat. Er geht dann nur von rechts nach links, von links nach rechts, und spielt mit gleichbleibender Miene den innerlich Unbeteiligten.

Was für Rio Marina gilt, das gilt auch für die anderen Bergwerksanlagen auf der Insel. Ohne »Permesso« angetroffen zu werden, kann böse Folgen zeitigen. Die Herren von der Polizei sind nicht von vorgestern und arbeiten Hand in Hand mit den Betriebsleitungen der verstreut liegenden Grubenreviere. Es bleibt der süße Trost, auf Elba recht schnell gute Freunde zu finden, die dem Gast vom Festland die heimlichen Hoffnungen von den Augen ablesen und dann, so oder so, für die erträumten steinernen Ergänzungen sorgen.

Der Riesensprung von Mitteleuropa nach Elba, den wir eben gemacht haben, mißt gerade ein Zehntel der gewaltigen Entfernung, die wir jetzt an Bord eines bulligen Jumbo-Jet hinter uns bringen werden: Wir sind in Windhuk, der Hauptstadt von *Südwest-Afrika,* und halten sofort nach der Ankunft Ausschau nach den Möglichkeiten, mineralogisch zum Zuge zu kommen. Die Aktien stehen nicht schlecht, denn es gibt in diesem wunderbaren, weiträumigen, an Bodenschätzen reichen Land eine Minen-Vereinigung, deren Zentrale in Windhuk sitzt. Während wir noch darüber nachdenken, ob man sich an dieses Office oder lieber an einzelne Leute vom Fach wenden soll, kommt der Zufall zu Hilfe, und ein Farmer deutscher Abstammung berichtet uns über die hier geltenden Gepflogenheiten:

Grundsätzlich braucht ein Mineraliensammler, der in Südwest schürfen will – und praktisch gibt es im ganzen großen Raum keinen Meter Boden ohne papierene Zuschreibung –, die Erlaubnis für dieses Suchen und Finden. Wenn der angesprochene Minenbesitzer oder -verwalter zugleich der Grundstückseigner oder -pächter ist, läßt sich die Bemühung um eine Schürfgenehmigung verhältnismäßig leicht an. Kompliziert wird die Sache aber dann, wenn der Minenbesitzer oder -verwalter erst seinerseits den betreffenden Farmer oder Farmpächter um ein Ja er-

Halbkreis-Schnitt einer graublauen Achatmandel mit weißlicher »Wolke«, Minas Gerais/Brasilien. ³/₄ der Originalgröße.

suchen muß. Prinzipiell ist es also nicht gestattet, frei wie ein Vogel über Busch und Berge und Wüste dahinzufliegen, um von höherer Perspektive aus nach mineralogischen Schätzen auszuschauen. Nun klingt das alles sehr streng, starr und reglementiert, aber die Wirklichkeit sieht wesentlich freundlicher, unkonventioneller aus. Bestes Beispiel der folgende, kurze Erfahrungsbericht des Verfassers:

Beim Betrachten der glitzernden Schaustufen im Fenster einer Mineralienhandlung in Windhuk, eines modernen Geschäftes mit der Firmenbezeichnung »South West Semi-Precious Stone Company (PTY) Ltd.« fasse ich Mut, gehe in den Laden hinein und komme rasch mit dem Chef ins Gespräch. Als Mr. Willy Preiss, ebenfalls ein Mann mit deutschen Vorfahren, von meiner großen Liebe des Steinesammelns erfährt, lächelt er milde und sagt: »Ich wette, Sie wollen auch nach Tsumeb.« Ich nicke mit dem Kopf. Daraufhin erklärt der sympathische Geschäftsmann: »Wenn Sie schon auf diesem Kurs sind, dann sehen Sie sich in der Nähe von Otjiwarongo meinen Amethyst an. Oder . . .?«

Ich bin natürlich ganz platt, in Gestalt von Mr. Preiss einen Minenbesitzer vor mir zu haben, und sage überglücklich ja. Der Mann fackelt nicht lange, nimmt einen Zettel zur Hand und verfaßt handschriftlich ein Permit für die Mine, das ich dem Verantwortlichen dort übergeben soll.

Als ich am Tag darauf, früh morgens, mit einem Leihwagen

nach Norden rolle, um über Okahandja die rund 280 Kilometer bis zum Zielpunkt in knapp drei Stunden abzuspulen, beginnt eines der wunderbarsten Abenteuer meines Lebens: Mitten im spärlich bewachsenen Busch, weitab von der Teerstraße in Richtung Otavi und Tsumeb, werde ich von dem verantwortlichen Mineningenieur, seiner Frau und einer Gruppe kakaobrauner Arbeiter wie ein langjähriger guter Bekannter aufgenommen und darf auch nicht nein sagen, als man mich zur Übernachtung einlädt.

Der teils violette, teils dunkelblaue Amethyst in der relativ kleinen Mine über Tage wird von hellen Quarzbändern durchkreuzt oder horizontal durchzogen und ist bildschön. In den Kristallen ganz anders ausgebildet wie das allbekannte Massenmaterial aus Brasilien, steht dieser Amethyst mit unglaublicher Vielfalt an kristallinen Formen und Größen in enormer Dichte an. Etliche der rostbraun überzogenen, in stattlicher Breite endenden Pyramidenkristalle haben Ähnlichkeit mit unseren heimischen Kappenquarzen und wiegen nicht selten drei und vier Pfund. Ich darf einige prachtvolle Stücke in aller Ruhe herausarbeiten und verlasse anderntags die Menschen und die Mine mit einem Gefühl, das sich etwa sonst bei der Kunde von einer Millionenerbschaft einstellen mag.

Wir haben auf verschiedenste Weise versucht, unseren Standpunkt zu erhärten, der da sagt: Rechte und Pflichten sind beim Mineraliensammler unbedingt sehr gewissenhaft abzuwägen. Es gibt genügend offene Türen, aber auch Stacheldrahtzäune und klar begründete Forderungen an Recht und Billigkeit. Es liegt an uns Sammlern selbst, ob sich die heutigen Verhältnisse wieder zum Besseren hin entwickeln oder nicht.

Das nächste Kapitel wendet sich nun den besonderen Gegebenheiten beim Mineraliensuchen im Hochgebirge zu.

V. Exkursionen im Hochgebirge

Planung

Gewissenhafte Vorplanung, bestmögliche Ausrüstung, Teamgeist ohne schwache Punkte. Das sind die Grundvoraussetzungen für gemeinsame, mineralogische Unternehmungen im Hochgebirge. Irgendwelche Halbheiten und Leichtfuß-Manieren können böseste Folgen haben und sind daher mit aller Entschiedenheit abzulehnen. Die Durchführung von Exkursionen in höheren, schwer begehbaren Regionen ist weder Anlaß für ein über-ängstliches Verhalten noch Grund für andere Abweichungen von der alltäglichen, gewohnten Lebensweise. Die besonderen klimatischen Bedingungen, Geländeformen und Wegeverhältnisse machen es jedoch notwendig, Unternehmen dieser Art in optimaler Gründlichkeit vorzubereiten.

Im Prinzip gelten die verschiedenen Vor- und Nach-Überlegungen, wie wir sie am Anfang des letzten Kapitels in punktweiser Gliederung dargelegt haben, auch für die mineralogischen Sammelfahrten mit Zielen im Hochgebirge. Es treten aber ergänzend viele neue Momente hinzu, die im einzelnen bedacht werden müssen. Die zusätzlichen, speziellen Dinge wollen wir jetzt aufzeichnen – wiederum Punkt nach Punkt, unter insgesamt fünf Stichworten:

Teilnehmer

Wie eingangs schon betont, ist der Teamgeist ohne schwache Punkte von ganz entscheidender Bedeutung. Hoch in den Bergen, abseits der wohlgeordneten Zivilisation, aufeinander angewiesen zu sein, das heißt praktisch: Es gibt während der gesamten Tour ein bestimmendes, freiwilliges »Wir«, dem das einzelne »Ich« untergeordnet ist. Der Gedanke des Gemeinsam-Erlebens, des Teilens in jeder denkbaren Beziehung, ist bei Exkursionen dieser besonderen Art A und O.

Die Frage nach der günstigsten Teilnehmerzahl kann nicht verallgemeinernd beantwortet werden. Nach Erfahrung des Verfassers, also rein subjektiv betrachtet, kommt man in Partien von vier bis sechs Mann am besten voran – sowohl beim Gehen und Steigen als auch beim Suchen, Arbeiten und gegenseitigen Helfen. Zu zweit oder dritt in den Bergen zu operieren, vielleicht sogar in Gruppen mit mehr als sechs Teilnehmern, hat sich weniger gut bewährt. Was im Flachland und im Mittelgebirge in dieser Beziehung für richtig gehalten wird, kann sich bei alpinen Unternehmungen als Fehlrechnung erweisen.

In bezug auf Frauen, ältere Menschen, Jugendliche und Kinder ist ebenfalls kein allgemeinverbindlicher Maßstab anzusetzen. Der gesunde Menschenverstand sollte das letzte Wort haben. Wahr ist, leider, daß viele Frauen den gestellten körperlichen Anforderungen einer solchen anstrengenden Tour nicht gewachsen sind. Eine naturbedingte, physiologisch begründete Tatsache, über die man sich nicht einfach hinwegsetzen kann. Ältere, gesundheitlich schon anfällige Menschen sollten ebenso ihre physischen Grenzen erkennen und ohne jeden Groll die »Jugend« allein abziehen lassen. Was schließlich Jugendliche und Kinder betrifft – soweit sie noch nicht voll-eigenverantwortlich denken und handeln –, ist gerade bei Aktionen im Hochgebirge äußerste Skepsis geboten.

Fahrzeuge

Die Befahrung von löchrigen, steinigen, oft noch steilen und sehr schmalen Straßen – bei solchen Unternehmen immer an der Tagesordnung – setzt von vorneherein die Benutzung von Wagen mit geringem Bodenabstand außer Kurs. Wenn außerdem, über die Anzahl der Insassen hinaus, das Gewicht der später heranzuwuchtenden Mineralstufen in die Kalkulation einbezogen wird, kann nur ein Fahrzeug mit ausreichendem Spielraum zwischen Wanne, Auspuffanlage und Boden die gestellte Aufgabe erfüllen. Fahrer, Insassen, Werkzeug, Ausrüstung, Proviant, Kisten oder Kästen, Reservekanister, Autowerkzeug – das alles ist vorzeitig zu berechnen. Plus der erhofften, steinernen Beute.

Tafel 7: oben links Kupfer gediegen, von Tsumeb/Südwestafrika; daneben Kupferkies, Bad Grund im Harz; links und rechts unten Malachit (grün) und Azurit (blau) auf unterschiedlichem Muttergestein, beide aus dem Grubenrevier »Calamita«, Insel Elba/Italien; Wiedergabe in genau ³/₄ der Originalgrößen.

Tafel 8: oben derbes Eisenerz aus dem Siegerland; links darunter Hämatit, daneben Pyrit, beide aus dem »Valle Giove«, Abbau Rio Marina, Insel Elba/Italien; Wiedergaben in genau $^3/_4$ der Originalgrößen. – Im Buch abgebildete Mineralien aus den Sammlungen von Arch. Fr. und G. Hau, Offenbach am Main; H. Wagner, Buchschlag bei Frankfurt am Main; R. Th. Wenisch, Zell am See, Österreich; sowie aus der Sammlung des Verfassers.

Ausrüstung

Die grundsätzlich veränderten Voraussetzungen zwingen dazu, die normalerweise ausreichenden Posten an Ausrüstung, Werkzeug und Verpflegung zu ergänzen, natürlich immer abgestimmt auf das ganze Team und die verfügbare Zeit. In der Proviantfrage kann man genauso verfahren, wie zu Beginn des letzten Kapitels empfohlen. In bezug auf die Ausrüstung und das Handwerkszeug wäre jedoch zusätzlich zu notieren: Getreu der im Alpinismus bewährten Spielregel, immer über »drei Häute«

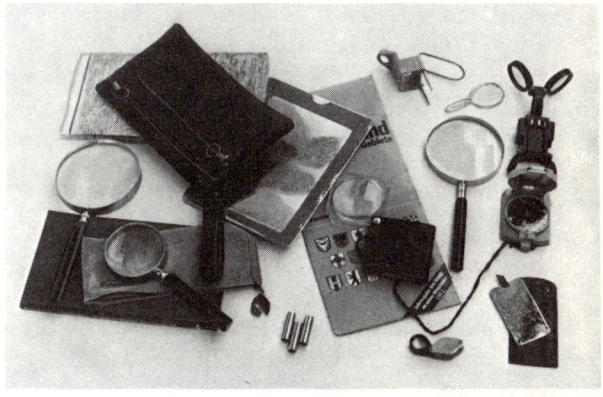

Hilfen im Hochgebirge: Karte, Kompaß, Spiegel, Signalpfeife, Lupen nach Wahl, flache Taschen für solche Gegenstände.

zu verfügen, müssen wärmende Unterwäsche, kräftige Oberkleidung und ausreichender Wind- und Wetterschutz selbstverständlich sein. Leichtbergschuhe, wie sie im Flachland und Mittelgebirge genügen, sind bei Mineral-Exkursionen im Hochgebirge absolut unausreichend und müssen ihre Rolle an stabilere, schwerere Bergstiefel abtreten. Gummistiefel oder ein zweites Paar Bergschuhe in Reserve, das ist oft die Frage und muß von jedem selbst entschieden werden. Hut, Steinschlaghelm und Ersatz-Arbeitshandschuhe dürfen niemals fehlen. – Je nach den Schwierigkeiten der Vorhaben und den betreffenden Geländeformen wäre das Werkzeug fallweise noch wie folgt zu ergänzen: Seil oder Drahtrolle, Sack oder Rutschleder für das Herablassen mit Steinen gefüllter Rucksäcke und Tragetaschen. Wenn die Tour bis hoch in die Gletscherregion führt: Eispickel, Steigeisen (Gletscher-Lippenschutzcreme nicht vergessen!).

Notfall-Vorsorge

Während die Werkzeugfrage hier unberücksichtigt bleiben kann, ist bezüglich der Ausrüstung und Verpflegung anzumerken: Die Mitnahme eines zusätzlichen Wetterschutzes (Plastik-Haut, imprägnierter Umhang mit Öffnung für den Kopf o. ä., Wollschal) ist zu überlegen. Als Notproviant, der sonst nicht angetastet wird, kommen in Frage: Speck, Trockenobst, bittere Schokolade, Kondensmilch, Vitamintabletten, Traubenzucker.

Ganz abgesehen von der obligatorischen Pflicht, vor dem Aufsteigen im Tal, auf der nächstliegenden Hütte oder an anderer, geeigneter Stelle eine Information zu hinterlassen (Vorhaben, Wegeplan, Zeitberechnung usw.), ist das sogenannte »Alpine Notsignal« von größter Wichtigkeit. Die Einzelheiten, die wir unbedingt kennen müssen:

Wer in Not geraten sollte und das im gesamten Alpenraum gültige Signal geben muß, tut dies durch sechs optische oder akustische Zeichen pro Minute, also in Abständen von jeweils zehn Sekunden, bis die Minute vorbei ist. In der darauffolgenden Minute wird die Signalisierung unterbrochen, dann erneut gehandhabt und so weiter. Die Antwort ist eine nur dreimalige Zeichengebung pro Minute, besteht also aus Signalen im jeweiligen Abstand von 20 Sekunden und wird in gleicher Weise wiederholt. Ist der sichtbare oder hörbare Kontakt hergestellt, kann auch mit baldiger Hilfe gerechnet werden. Letzte Frage: Womit oder wodurch kann man das »Alpine Notsignal« aussenden? Für die optische Zeichengebung eignen sich bei Tage Spiegel oder farbstarke Gegenstände (Tücher z. B.), die geschwenkt werden können, und bei Nacht langbrennende SOS-Streichhölzer (im Fachhandel erhältlich), Taschenlampen oder Feuerzeuge. Für die akustische Zeichengebung kommen praktisch nur Rufe und Pfiffe in Betracht. Es empfiehlt sich daher, bei Exkursionen der geschilderten Art immer eine Signalpfeife mitzuführen.

Quartierfrage

Bei Exkursionen über Nacht, fallweise über mehrere Tage und Nächte hinweg, gibt es für die Tourenteilnehmer vier Quartiermöglichkeiten: Übernachtung auf einer Hütte, Logis im Tal. Oder Schlaf im Auto. Oder Nachtbiwak im Freien. Alle drei Möglichkeiten haben ihre Licht- und Schattenseiten: Auf einer Hütte, die nur selten in einer kürzeren Entfernung von den Fund- und Arbeitsstellen der »Steineklopfer« dasteht, also meist in kilometerweitem Fußmarsch angesteuert werden muß, ist nicht immer Platz für vier bis sechs Mann. Hat man sich nicht angemeldet und kommt erst spät am Abend durch die Tür, so kann es gut sein, daß weder ein Raum mit Betten noch genügend Platz für die Mannschaft im »Lager« (Strohsack-Reihen nebst Decken unter dem Dach) zur Verfügung steht. Und selbst dann, wenn es mit der Unterkunft klappt, ist vieles anders, eben gemäß der »Hüttenordnung«. Kurzum: ein Hüttenquartier ist für uns Mineraliensammler nicht gerade ideal und bremst gewöhnlich den mitgebrachten Schwung fühlbar ab.

Die anderen Möglichkeiten zur Übernachtung?

Ein Logis im Tal, in einem Hotel, einem Fremdenheim oder bei Privatleuten, ist auch etwas problematisch: Die Exkursion wird quasi »zerhackt«, weil man mit dem ganzen schweren Zeug absteigen, fallweise die Mineralfunde verstecken oder eingraben muß, weil außerdem die Stunde schlägt, da man sich wieder herausputzen und auf die Zivilisation einstellen muß. Letzteres ist wohl kein Aderlaß, aber genauso wie im Hüttenmilieu wird auch bei diesem Verfahren der Unternehmungsgeist spürbar geschwächt. Die restlichen beiden Methoden: Autoschlaf und Nachtlager unter dem Himmelsdach.

Es ist nicht jedermanns Sache, in einem Auto zu übernachten, und einem Biwak im Freien, inklusive Nachtschlaf, neigt auch nur ein kleiner Teil der Menschheit zu. Die Wahrheit und Wirklichkeit, bezogen auf mineralogische Sammeltouren im Hochgebirge, sagt jedoch dies: Von der zeitweise etwas vernachlässigten Körperpflege abgesehen, sind beide Verfahren gut geeignet, zum vollen Erleben des nächsten Tages überzuleiten. Zugegeben, der Mensch ruht in einem Auto recht unbequem, er schätzt auch einen Schlafsack nicht höher ein als ein Bett mit weichen Decken und Kissen. Doch zu bedenken ist immer bei derartigen Gruppentouren, wie kurz und kostbar die Zeit ist, wie schnell alles vorbeigeht. Ein jeder mag denken, wie er will. Der Verfasser gesteht es offen ein, daß er ein Draußenbleiben über Nacht jeder anderen Möglichkeit vorzieht und nur dann sein Heil unter einem Hausdach sucht, wenn ihn außergewöhnliche Umstände dazu zwingen.

12 Grundsätze der Technik und Taktik

Wir notieren in konzentrierter Form jene Grundsätze, die das Verhalten der Mineralsammler in alpinen oder ähnlichen Gebieten mit Hochgebirgs-Charakter bestimmen. Diese allgemeingültigen Gebote zu übertreten, zu mißachten, bedeutet praktisch grobe Fahrlässigkeit und Verantwortungslosigkeit. Hier sind, wiederum Punkt nach Punkt, die einzelnen Prinzipien:

Verhalten der Sammler

Gehtempo
Beim Aufsteigen mit schwereren Lasten ist das schon einmal erwähnte, ungeschriebene Gesetz in Anwendung, nach dem das Gehtempo auf die gesamtkörperliche Verfassung des Schwächsten ausgerichtet wird. Gut aufeinander eingespielte Sammler halten außerdem beim Aufsteigen größere Abstände voneinander (vier bis acht Meter) und sprechen nur wenig, um nicht vorzeitig und unbegründet Kräfte zu investieren.

»Wegabkürzung«
Abkürzende Trampelpfade zu benutzen, wie man sie überall im Hochgebirge vorfindet, ist bei längeren Aufstiegen unklug, unrationell; entfernungsmäßig mag man profitieren, kräftemäßig ist die Rechnung (wegen der meist größeren Steigung) falsch aufgemacht.

Herumliegende Steine
Auf Bergwegen herumliegende Steine mit den Füßen wegzustoßen, ist unbedacht und rücksichtslos – ja geradezu verbrecherisch, wenn die Wege in Serpentinen hinaufführen und die zur

Seite gestoßenen Steine auf die tieferen Wegschlangen herabstürzen, wo andere Menschen gerade unterwegs sein können. Eisernes Grundprinzip: Steine, die wirklich stören und behindern, werden in irgendeine kleine Mulde im Gelände bugsiert, aus der sie laut Schwerkraft nicht mehr von selbst herausrollen können. Dieses Gebot ist auch stets absolut verpflichtend.

Schwindelfreiheit

Ausgesetzte, schmale Pfade, die an Felswänden entlang führen, sowie schmale Bach-Stege, die womöglich noch etwas nachgeben und vibrieren, sollten nur von Menschen begangen werden, die über ein hohes Maß an Schwindelfreiheit beziehungsweise Balance-Gefühl verfügen. Sammlerfreunde, die den genannten Anforderungen nicht entsprechen können, müssen dann entweder einen anderen Weg wählen, auch wenn er weiter ist; oder die Begleiter können den Betreffenden ohne jedes Risiko für beide Seiten bei den Aktionen voll absichern.

Temperatur

Bodenkühle, Temperaturänderung und Sonnenstrahlung sind drei Faktoren von eminenter Bedeutung. Nach exakter wissenschaftlicher Feststellung sinken die Außentemperaturen im Hochgebirge bei jeweils 150 m Gewinn an Höhe um durchschnittlich 1 Grad Celsius. Das sagt genug. Und was die häufig sehr intensive Sonneneinstrahlung betrifft, ist bei entsprechender Wetterlage das vorzeitige Einkremen mit einem Sonnenschutzmittel (auch an den Händen) ebenso notwendig wie das ständige Tragen eines Hutes oder einer Mütze.

Bodenbeschaffenheit

Feuchter, weicher Boden im Gelände — erst recht auf steil abfallenden Hängen —, ist erfahrungsgemäß weit gefährlicher als lockeres, trockenes Geröll. Häufig erhöhen noch glitschige Pflanzen und ein schwer berechenbarer, unterschiedlicher Bewuchs des Bodens die Rutschgefahr. Insofern muß gelten: festes, sicheres Ansitzen der Bergschuhe mit Profilsohlen und, bei fallweiser Benutzung von Gummistiefeln, die Festigung des Gelenksitzes durch Doppel- oder gar Dreifachstrümpfe, sind in derartigen Situationen unbedingt notwendig.

Im Bereich von Felswänden

Bei Aufenthalten im direkten Bereich von Felswänden muß grundsätzlich vor Beginn der Sucharbeit festgestellt werden, ob Überhänge (vorspringende Teile im Gesteinsverband) da sind und eine ernste Gefährdung bedeuten können. Das Vorhandensein derartiger Vorsprünge kurzerhand zu belächeln, leicht zu nehmen, ist verantwortungslos, auf das eigene Ich wie auf die anderen Teilnehmer der Exkursion bezogen.

Bergauf klettern

Sowohl für das bergaufführende »Gehen im Fels«, wie der Alpinist das Klettern fachmännisch nennt, als auch für das Höhersteigen in Bächen, Rinnsalen oder zeitweise trockenen Rinnen, gelten zwei bestimmte Verhaltensweisen als technische Grundregeln: Erstens müssen stets, bevor die nächste Bewegung bergauf erfolgt, beide Arme und ein Bein oder beide Beine und ein Arm einen absolut festen Halt bzw. Stand haben. Und zweitens, was eben insbesondere das Aufsteigen in wasserführenden oder trockenen Bachbetten und Rinnen betrifft, ist die »Dreiecks-Methode« bestens bewährt: Im regelmäßigen Wechsel werden die Arme, dann eines der Beine, wiederum die Arme, dann das andere Bein und so weiter eingesetzt, um Stück für Stück voranzukommen. Hierbei ergibt sich, optisch betrachtet, ein Hinaufgehen im ständig sich wiederholenden Dreieck, und das absichtliche Spreizen der Beine bringt noch (infolge des so entstehenden Gegendrucks) eine zusätzliche Hilfe.

Gefährdung durch Lockergestein und Gesteinsbrocken

Niemals und keine einzige Minute lang darf auf einem abschüssigen Gelände in zwei oder noch mehr Partien übereinander gesucht, gesammelt, gearbeitet werden! Mineraliensammler, die es fertigbringen, die jeweils errechenbaren Fallinien mitsamt ihrer Flanken zu ignorieren, machen sich von vorneherein schuldig, selbst wenn nichts Böses geschieht. Das Loslösen von Lockergestein, selbstredend auch das versehentliche Fortbewegen eines Steins und das Fallenlassen von Gesteinsstücken während der Arbeit mit Hammer und Meißel – es sind schwerste Gefährdungen der Menschen, die unterhalb solcher Stellen beschäftigt sind. Das ist logisch und braucht nicht diskutiert zu werden.

Dieselbe strenge Auffassung gilt natürlich auch für jene Fälle, in denen einzelne, schwere Gesteinsbrocken auf eine gewisse, begrenzte Entfernung hin herabgerollt, herabgestürzt werden müssen. Ist ohnehin schon durch die Worte »begrenzte Entfernung« erklärt, daß die Geländeform ein Auffangen, ein sicheres Stoppen der Stücke in hundertprozentiger Sicherheit garantiert, so ist das Verhalten der Exkursionsteilnehmer in einer solchen, außergewöhnlichen Situation unmißverständlich und ganz genau vorbestimmt: Alle Mann sind von der fraglichen Stelle im kritischen Moment soweit entfernt, daß nicht das Geringste, aber auch nicht das Allergeringste passieren kann, Splitterungen und ähnliche Folgen mit einbezogen. In der Regel kommt es nur selten zu derartigen Nothilfen, praktisch nur dann, wenn ein schwereres Fundobjekt nicht an Ort und Stelle bearbeitet werden kann und deshalb in eine günstigere Position gebracht werden muß.

Gefahr durch Eis- und Schneedecken

Oft sind bis in den Sommer hinein Wasserfall-Becken, Bäche und Rinnen mit Eis- und Schneedecken überdacht. Diese Überdachungen als Brücken zu benutzen, ist denkbar und im grundsätzlichen nicht abzulehnen. Da die Stabilität solcher Eis- und Schneedächer aber niemals ganz genau berechnet werden kann, ist allerhöchste Vorsicht geboten. Am besten, man läßt sich gar nicht erst auf die Risiken einer solchen »Brückenbegehung« ein und umgeht die fraglichen Gefahrenstellen.

Gefahr durch Almtiere

Tiere auf den Hochalmen sind eine liebenswerte Serienerscheinung. Mineraliensammler, die ja zumeist einige Lasten fortbewegen, also relativ unbeweglich sind, machen zweckmäßigerweise um die Almtiere einen Bogen. Es steht nicht in Märchenbüchern, sondern ist nüchterne Wahrheit, daß schon mancher hoch droben einhergehende Jungbulle über mehrere Stunden hinweg das Betreten seines Territoriums durch Menschen unmöglich gemacht hat. Ebenso können Bergschafe und Bergziegen sehr ungemütlich werden. Das eine ist sowieso klar: Tiere auf einer Alm zu ärgern, irgendwie zu reizen, ist dümmlich und widersinnig.

Umweltschutz

Der Beginn des gemeinsamen Abstiegs schließt eine selbstverständliche Verpflichtung mit ein: das sichere, tiefe Eingraben, Verbrennen (nur in offenem Gelände!) oder pflegliche Abtransportieren sämtlicher Picknickreste und dergleichen. Es gilt der Grundsatz, daß im gesamten Such- und Sammelgebiet nichts, aber auch nichts an Abfällen zurückbleibt – ausgenommen die Aschenreste oder Überbleibsel tief unter Tage.

Die angesprochenen zwölf Themen haben uns vor Augen geführt, daß eine Exkursion in die Berge kein Spazierspaß, sondern eine ernste Sache ist. In manchem Einzelpunkt mögen die individuellen Auffassungen voneinander abweichen. Entscheidend ist es wohl, die Dinge der Praxis so zu vermitteln, daß der Anfänger eine brauchbare Starthilfe hat. Auch er wird dann schnell die innere Begeisterung entwickeln, die den in die Berge verliebten Mineraliensammlern in besonders hohem Maße zu eigen ist.

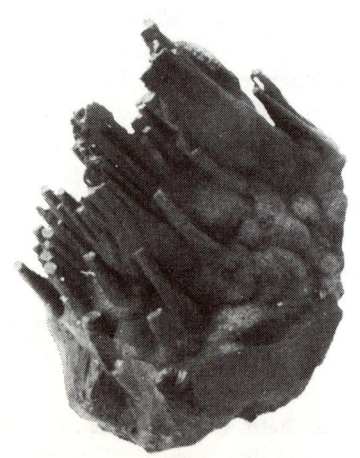

Limonit mit zapfenförmig ausgebildeten Kristallen, von Auerbach in der Oberpfalz. ³/₄ der Originalgröße.

VI. Blick in die Welt der Edelsteine

Ehrensache: Früher oder später macht sich der fortgeschrittene Mineraliensammler auf den Weg nach *Idar-Oberstein*, der in aller Welt gerühmten Hochburg der Edelstein-, Diamant- und Schmuckindustrie. Er naht sich, wenn er von Osten kommt, auf der B 41 via Bad Kreuznach und Kirn, erblickt schon vorzeitig rechter Hand einige monströse Steinbruch-Pyramiden und verspürt sehr genau, daß sein Herz etwas schneller schlägt als sonst. Es ist soweit – Du bist in wenigen Minuten im »Mekka der Mineralienfreunde«, bevölkert von rund 42 000 Menschen, landschaftlich sanft eingebettet zwischen dem Idarwald und dem Nordpfälzer Bergland.

Wo soll man beim Besuch dieses eigenartig geformten, lang hingezogenen, erst seit 1933 zusammengeschlossenen Stadtgebildes beginnen? Am besten, wir folgen dem mitgebrachten weisen Rat der Idar-Oberstein-Kenner, schlängeln uns mit dem Wagen weiter durch und machen die erste Station hinter dem weithin sichtbaren, großen »P« neben der historischen »Weiherschleife«. Hier ist der Erstmals-Besucher genau am rechten Platz, denn im einzigen Innenraum des hochbetagten, schiefergedeckten Hauses rollt die Arbeit noch genauso ab wie vor hundert Jahren:

Arbeitsgänge

Wenn das Wehr in dem jetzt 110jährigen, aus dem Idar-Bach angestauten Weiher geöffnet ist, treibt das mit eisernen Schaufeln armierte Wasserrad den langen Wellenbaum an, der den Schleifsteinen in der Werkstatt als Achse dient. Wir können die vier Arbeitsgänge, wie sie schon zu Urgroßvaters Zeiten abliefen, genau mitverfolgen. Erst das *Sägen* der Rohsteine mittels einer diamanten-besetzten Trennschneide, die in Petroleum gekühlt wird, 40 cm im Durchmesser und nur 1 mm stark. Dann das sogenannte »*Ebauchieren*« – das Formen und Gestalten der Steine, wobei die Werkstücke frei in der Hand oder an einem Schleifholz befestigt gehalten werden.

Die beiden weiteren Arbeitsgänge? Das *Schleifen*, zuletzt das *Schmirgeln und Polieren*.

Das Schleifen in liegender Haltung, auf einem »Kippstuhl«, ermöglicht den notwendigen starken Druck auf das Werkstück. Die imposanten Schleifsteine haben rund zwei Meter Durchmesser, sind 50 cm dick und wiegen drei Tonnen! Sie kommen aus den Sandsteinbrüchen im Raum Kaiserslautern und können sieben, acht Jahre lang ihre Aufgabe erfüllen. Um beim Schleifen den Staub zu binden, werden die Steine fortlaufend mit Wasser berieselt. Schließlich die letzte Fein- und Kleinarbeit der Werkenden in der »Weiherschleife«: das Schmirgeln und Polieren mittels Scheiben aus Holz, Kork oder Filz, bei Zusatz von bestimmten Poliermitteln. Letztlich erhält der einzelne Stein den erwünschten eleganten Schliff, der die Maserung und die Farbe plastisch hervortreten läßt. Beim Fortgehen sind wir um einiges klüger, es war hochinteressant.

Im Steinbruch »Setz«

Irgend jemand flüstert auf dem Parkplatz: »Schon gehört – beim ›Setz‹ haben sie gestern gesprengt!?« Was kann das bedeuten? Wer und wo ist dieser »Setz«? Wir erkundigen uns, bekommen eine klare und freundliche Antwort – und da es nur wenige Katzensprünge sind, wird nicht lange gefackelt, wird sofort gehandelt. Hammer und Meißel und Handschuhe und Lupe brauchen ja nicht arbeitslos zu bleiben, hier in Idar-Oberstein. Oder . . .?

Da es ein Samstag ist, da ferner im nahen Steinbruch Setz eine friedliche Toleranz gegenüber den Sammlern waltet, darf ungestört ans Werk gegangen werden. Der Wagen wird oben, auf einem kleinen Verlade-Plateau, brav und ordentlich auf der Seite abgestellt, das Handwerkszeug aus dem Kofferraum genommen, und einmal mehr sind wir am Punkt des Umherschauens, des Abtaxierens, der ersten prüfenden Blicke. Oho,

*Violette Amethyst-»Krone« mit farblos gebliebener Parallel-
bänderung, Otjiwarongo/Südwestafrika. ¹/₂ der Originalgröße.*

die Leutchen da drüben haben schon einige nette Stufen zu ihren
Füßen liegen, das sieht nicht übel aus.

Beim Anziehen der Handschuhe kommen einige Gedanken in
den Sinn, die zum kürzlichen Studium eines historischen Berich-
tes im »Aufschluß« zurückkehren. Was hatte man da von Gaston Mayer (»Landessammlungen für Naturkunde«, Karlsruhe)
erzählt bekommen? Die bewußte Schilderung bezog sich auf den
vielseitig aktiven, »immer strebend sich bemühenden« Wissenschaftler Carl Christian Gmelin, vor zwei Jahrhunderten Direktor des »Großherzoglich-Badischen Naturalienkabinetts« zu
Karlsruhe. Und wir zitieren aus dieser dokumentarisch verbürg-
ten Darstellung von Gaston Mayer, nur kurz:

»Gmelin bereiste zweimal das Gebiet der heutigen Bundesländer
Rheinland-Pfalz und Saarland. Auf beiden Reisen sammelte er
viele Mineralien, Fossilien und Gesteine, wie aus den von ihm
geführten Inventarbüchern hervorgeht.

Bei Idar sammelte er dunkelroten Korallen-Achat, kleine Ame-
thyst-Drusen und Bruchstücke. – Er ließ eine von ihm in dem
›Agath-Bruche‹ auf dem Galgenberg bei Idar entdeckte, ›in ihrer

Art vielleicht bisher einzige Agath-Niere, Agathkugel von auffallender Größe, über 3 Fus lang und breit, auf einer Seite aufgeschlagen, inwendig ganz mit Amethyst quarz druse austapeziert, auf welchen einige sehr große octaedrische Kalkspathkrystallen, die gegen 5 Zoll lang sind, liegen ... mit aller Umsicht durch die Arbeiter allmälig vom übrigen Gesteine losmachen‹. Und Gmelin vermerkt zu dem Fund: ›Dieses Prachtstück wurde bisher von den größten Kennern und erst neulich von dem berühmten Geognosten und Fusreisenden Preußischen Kammerherrn Baron von Buch von Berlin, der beinahe ganz Europa in geognostisch-mineralogischer Hinsicht bereiste, bewundert. Teutsche, Engeländer, Frantzosen, Schweitzer, Dänen, Russen, die dieses Stück sahen, hielten es für einzig und unschätzbar!‹«

Der Bericht von Gaston Mayer enthielt des weiteren noch die Festellungen: »Gmelin sammelte bei Oberstein Chabasit, dazu ein weiteres ›äußerst instruktives großes Stück mit Kalkspathkrystallen auf achatartigem Gestein – außerdem am Volkesberg bei Oberstein drei Basaltsäulenstücke‹, in der Hosenberg-Grube bei Fischbach Kupferglaserz mit Kupfergrün und bei Herrstein drei Toneisennieren mit Fischabdrücken.«

Soweit unsere Rückblende auf den fraglichen, in Heft 4/April 1974 im »Aufschluß« erschienenen, im wahrsten Sinne aufschlußreichen Artikel. Und nun stehen wir da auf den lichten Höhen von Idar-Oberstein, »beim Setz«, und hoffen auf ein ähnliches Finderglück, wie es Herr Carl Christian Gmelin vor zweihundert Jahren in diesen steinigen Gefilden gehabt hat.

Die Arbeit in dem sehr harten Gesteinsmaterial bringt in der ersten Stunde so gut wie nichts. Die Sprengungen vom Vortag haben wohl an der Stirnseite der Anlage viel Zeug von der Wand gerissen, aber die eingebetteten Kristallnester mit schwachem Amethyst und Calcit sind spärlicher als spärlich.

Die Wühlarbeit inmitten der zentnerschweren Brocken des ungemein zähen, widerspenstigen Porphyrits nimmt die ganze Körperkraft in Anspruch. Man muß auf den drei, vier Meter hohen Bergen, die von den Räumgeräten aufgetürmt worden sind, umherturnen und balancieren, wie es den Meisterinnen auf dem Schwebebalken abverlangt wird. Dann endlich – der erste, wirklich ernstzunehmende Fund: als Nest in einem mittelschweren, frisch von der Wand gekommenen, rundlichen Gebilde sitzt ein Ring aus kräftig blauem Amethyst, überwachsen von weißlich-gelbem Calcit. Der augenblicklich neu belebte Geist kombiniert, daß man den Calcit mühelos daheim ausbrennen könnte. Allein, es stellt sich erst die Frage, wie man die hübsche, leicht oval ausgeformte Einbettung aus dem stahlharten Trumm herausmeißeln, herausschälen kann. Eine knifflige Aufgabe, die sehr viel Fingerspitzengefühl erfordert.

Während ganz in der Nähe, auf einem haldenähnlichen und sehr steilen Geröllhang, ein geltungsbedürftiger Vater im Lederwams seinen höchstens fünfjährigen Sohn in einer Art Pickel-Stocher-Technik anlernt, gehen wir zu zweit ans Werk: der eine hält den Gesteinsbrocken in einem bestimmten, schrägen Winkel fest, unterstützt noch von einem untergeschobenen flacheren Splitterstück, und der andere setzt behutsam den kleinsten unserer Flachmeißel an. Erfolg? Nach etwa vierzig Minuten ist der Amethyst-Ring im ganzen Umfang soweit gelockert, daß wir die entscheidende Phase einleiten können, das vorsichtige Durchtrennen der letzten Verbindung mit dem Muttergestein, genau unter der Mitte des Nestes. Es klappt! Die eigens hierfür benutzte, abgebogene kleine Gartenkralle hat ganze Arbeit geleistet – das gute Stück ist unbeschädigt herausgelöst! Nahezu groß wie ein Frühstücksteller, wird der ausgebrannte Amethystkranz alsbald eine unserer Vitrinen zieren.

Die beiden Stunden im hügeligen Wirrwarr der Hartsteinwerke Setz genügen uns. Wir haben für den späteren Nachmittag noch zwei besondere Dinge vor. Stichworte: *Geschäfte* und *Hobby-Schleifen*, dann *Deutsches Edelstein-Museum*. So wird unser Aufenthalt in Idar-Oberstein zu einer Art »Slalom«, einem Hin und Her zwischen lehrreicher Betrachtung, praktischem Zupakken, stadtgeschichtlichen Studien und Herstellung von wertvollen Kontakten, an denen man nicht genug haben kann.

Juwelen und Spießbraten in Idar-Oberstein

Im Herzen des Stadtteils *Idar*, zwischen Hauptstraße und Mainzer Straße, bietet seit 1974 ein 22stöckiges Hochhaus seine

stolze Stirne dar. Unter dem Flachdach des in Waschbeton ge-
kleideten, 70 m hohen, blütenweißen Quaders ist die »Diamant-
und Edelsteinbörse«, das erste Institut dieser Art auf dem
Erdenrund, zu Hause. Die neun Büro-Etagen für die Edelstein-
händler, das 220-Betten-Hotel mit Restaurant und Gesellschafts-
räumen sowie der große Börsensaal, in dem die Pendel zwischen
Angebot und Nachfrage ausschlagen, machen schon die Dimensionen des machtvollen Bauwerkes deutlich. Und hier, im sel-
bigen, mutig-modern ausgestalteten Großgebäude, ist auch das
»Deutsche Edelstein-Museum« daheim.

Schaufenster und Geschäfte

Wir bleiben bei unserem Plan, lassen noch das Museum links
liegen, wandern die Hauptstraße hinauf und steuern die ersten
Schaufenster der konzentrisch aneinandergereihten Geschäfte an.
Ohne Übertreibung: nach wenigen, kurzen Einblicken in das
Innenleben dieser *Geschäfte* ist der Normalmensch bereits ver-
wirrt, ganz klein und häßlich, einfach erschlagen. Was sich da
alles hinter den gläsernen Scheiben ein Stelldichein gibt, läßt im
Nu vergessen, was wir sonst so zu sehen bekommen. Und wenn
wir die Preise, die Auszeichnungen näher betrachten, Vergleiche
anstellen, wird doppelt und dreifach klar, wo wir uns befinden –
an der Quelle, am großen Umschlagplatz der Mineralien und
Kristalle.

»Dürfen wir ein wenig schnuppern?« Wir dürfen. Die Inhaberin
eines Spezialgeschäftes für Rohsteine aus aller Welt ist so
freundlich, auf jede Frage präzis zu antworten. Vor uns liegen
Bergkristalle aus dem Ural. Fingerdicke Apatite aus den Zonen
um den Baikalsee. Pyrit-Hämatit-Stufen von der Insel Elba.
Wunderschöne Malachit-Azurit-Kombinationen aus dem berühmten Kupferbergbau-Revier um Tucson in Arizona. Jade
aus China, Jade aus Sibirien, Jade aus Mexiko und dem angrenzenden, amerikanischen Bundesstaat New-Mexico. Ferner ge-
streifter, geschichteter Aragonit vom Erzberg in der Steiermark,
auch korallenähnliche Ausbildungen, »Eisenblüten«, von dort.
Wir sehen uns satt, kaufen auch etwas, gehen dann wieder.
Gleich gegenüber, in einem anderen Geschäft, zu dem man
einige Stufen hinabsteigen muß, ist es genauso: die Vitrinen und
Stellborde sind dicht besetzt mit Träumen von Achat und Kup-

ferkies, von Rauchquarz und Citrin, von Wölsendorfer Flußspat und anderen Mineralien mehr. Mag auch das Schwergewicht
der Offerte in diesem Laden bei den Gut-Bekannten aus Mitteleuropa liegen, zählt etwas anderes zweifach: eine stattliche Anzahl von Kramkisten bietet der Kundschaft die Chance, billig
einzukaufen, was in den privaten Sammlungen noch fehlt.

Wir kramen freudig mit und denken ebenso ans liebe Geld.
Beim Fortgehen sind wir reicher an Markasit, Turmalin-Schörl,
Schwefel und glasig-grauem Gips, angeschafft für wirklich
kleine Münze. Und wir haben nun Anlaß, einen falschen Standpunkt zu revidieren, der überall im Lande kursiert. Wir meinen
die Fama, nach der in Idar-Oberstein einzig und allein für die
Edelstein- und Schmuckindustrie gearbeitet werde, so daß der
schlichte, simple Mineraliensammler bei den dortigen Kaufleu-
ten wenig zu bestellen hat. Irrtum. Im toten Winkel des emsigen
Schaffens, das den edleren Produkten der Erde und ihrer hoch-
herrschaftlichen Ausarbeitung gilt, ist auch ein waches, direktes
Interesse am Fußvolk der Sammler spürbar. Man muß nur
beiderseits des Idar-Baches die Beine bemühen und die Augen
offenhalten, um dieser Wahrheit näherzukommen.

Hobby-Schleiferei

Schon auf dem Rückweg zum Museum treten wir durch die
Türe einer sogenannten »Hobby-Schleiferei«. Obwohl es Samstag ist und die Dämmerung gerade dem aufkommenden Nacht-
dunkel Platz macht, herrscht noch in dem Laden Hochbetrieb.
Vorne wird, wie üblich, gehandelt und verkauft, geprüft und
gesichtet. Hinten aber, im angeschlossenen Raum, kommen die
Hobby-Schleifer zu ihrem Recht und dürfen für wenig Geld,
fachmännisch angeleitet, ihre steinigen Mitbringsel auf Glanz
und Gloria bringen. Wie das im einzelnen geschieht, wollen wir
hier nicht erklären. Es wäre Spielverderberei. Der Mensch, der
nach Idar-Oberstein kommt und sich dort einmal selbst als
Schleifer versuchen will, möge sich überraschen lassen. Früh
genug wird sich herausstellen, ob ein Talent vorhanden ist.

Deutsches Edelstein-Museum

Nun also sind wir an der richtigen Adresse, um die »Crème de
la crème« der mineralogischen Kostbarkeiten aus allernächster

Nähe kennenzulernen. Es geht noch zwei, drei kurze Außentreppen hoch, und schon öffnet sich die gläserne Pforte zu den heiligen Hallen der erst vor wenigen Jahren erschaffenen Schau. Rechter Hand ein schmal bemessenes Vestibül, mit Eintrittskasse und Prospekten, mit Büchern und Bildbänden. Man zahlt, dankt für das kleine Billet in hoffnungsgrüner Farbe und läßt sich noch höflich zuraunen: »Der Rundgang verläuft, bitteschön, entgegen der Uhrzeigerrichtung.« – »Danke sehr.« Und wir betreten die teppichgedämpfte, dezent wirkende Räumlichkeit . . .

Umschmeichelt von einem Schummerlicht, das dem in einer Nachtbar ähnlich ist, geht der Besucher nach einem leichten Rechtsruck auf die empfohlene Rundbahn der Besichtigung. Und vom Start weg hat er Gründe genug zum Staunen: Zwei Kerzenleuchter aus Tigerauge, eine große Weltkarte mit den wichtigsten Edelsteinvorkommen der Erde und eine Vitrine mit bunt schillernden Opalen geben einen Vorgeschmack auf all das, was noch folgen wird. Da sind ungewöhnlich stark ausgewachsene, geschliffene Rauchquarze aus Brasilien, einige Schauschränke weiter dann die lieben Anverwandten aus der Familie Quarz, mit Amethysten, Rosaquarzen, Rutilquarzen und so fort.

Etwa bei Halbzeit der Runde verhält der Museumsgast vor der Vitrine Nummer 18 und erfreut sich an der dort versammelten Schar von milde funkelnden Diamanten, die sich auf den matten Schieferplatten besonders würdevoll ausnehmen. Zumeist sind die ausgestellten Brillanten im Rundschliff bearbeitet. Man wandert weiter, bewegt sich weich und wohlig auf dem vornehmen Bodenbelag, studiert noch die Saphire, Rubine, ferner Edelsteine, die bei afrikanischen Stämmen als Geld zirkulieren, sanft erstrahlende Smaragde – unter ihnen ein unbezahlbarer, kostbarer Rohstein von sage und schreibe 58 Karat –, und ganz zuletzt bleibt das Auge an einer wunderschönen, kleinen Bergkristallschale hängen, deren Schliffmotiv die Bezeichnung »Flüchtende Pferde« hat. Vor dem Abschied sehen wir noch in die erleuchtete Höhlung einer riesigen brasilianischen Amethystdruse . . . um uns erneut darüber klar zu werden, daß wir Amateursammler unsere Träume wohl niemals zu Ende träumen dürften, daß noch vieles, vieles auf uns wartet.

. . . und Spießbraten in Idar-Oberstein

Irgendwer unter den Geschäftsleuten hatte nachmittags den Rat erteilt, die Stadt auf gar keinen Fall zu verlassen, ohne den angestammten, heimischen »Spießbraten« genossen zu haben. So beeilen wir uns, das Nachtzeug ins Hotel zu bringen, lassen den Wagen stehen, marschieren zu einem zünftigen Gasthaus und bestellen Portionen von dem fraglichen Gericht. Der Zufall führt uns, vom Nachbartisch, einen Mann zu, der sich in der örtlichen Geschichte und ebenso in der Geschichte des Idar-Obersteiner Spießbratens bestens auskennt. Und während noch das Fleisch in der Küche nebenan für das leckere Mahl fertiggemacht wird, beginnt der Herr Nachbar zu erzählen:

»Etwa seit Ausgang des Mittelalters hat man die reichen Achatvorkommen unserer Gegend ausgebeutet, bald auch an Ort und Stelle in kleinen Schleifmühlen verarbeitet. Im Laufe der Zeit entwickelte sich eine bodenständige Industrie. Leider wurden die Steinfunde immer geringer, und zu Anfang des letzten Jahrhunderts, als die Auswanderungen nach Amerika in Gang kamen, zogen auch viele arbeitslose Schleifer von hier in die Fremde und siedelten sich in Südamerika an. Dort machte man die Entdeckung, daß die herrlichsten Achate in nie bisher gekannten Größen in den Flußbetten und in der Sierra Brasiliens zu finden waren. Und schon kamen die ersten Rohsteinlieferungen zustande, hierher, zu uns – das war genau im Jahr 1834. Ja, und was den Spießbraten betrifft, kann man folgendes erzählen . . .« – und genau in diesem Augenblick wird bei uns am Tisch aufgetragen, die beachtlich dicken Fleischscheiben verbreiten einen köstlichen Geruch, und die Bierblumen blinzeln uns schon schelmisch an. Herr Nachbar, ein Mensch von Takt und Einfühlungsvermögen, unterbricht selbstverständlich die Erzählung, prostet uns zu und wartet ab, was wir zum Spießbraten sagen werden. Es gibt nicht viel zu sagen, der Braten ist hervorragend, ganz vorzüglich, und das kühle Bier verträgt sich mit ihm ausgezeichnet. Unser neuer Freund nimmt unsere tiefe Befriedigung wahr, schaut in die Runde, sieht in erwartungsfrohe, interessierte Mienen und berichtet weiter:

»Bei der Arbeit auf den brasilianischen Haziendas und beim Abbau der Rohsteine dort hatten es unsere Auswanderer gelernt, erlegtes Wild an Holzspießen über offenem Feuer zu braten. Ganz logisch, daß man die leckere Speise und ihre Zubereitung auch bald in der alten Heimat, hier in den Orten an der Nahe, bekannt machte. Und so ist es eben gekommen, daß der brasilianische Spießbraten heute weit und breit als ›unser Zunftessen‹ gilt. – Wollen Sie noch ein paar Einzelheiten über die Zubereitung wissen?« Wir bitten darum, und Herr Nachbar fügt hinzu: »Die ganze Zubereitung, vom Präparieren des Fleisches bis zum Braten, ist reine Männersache. Es wird Rind- oder Schweinefleisch benutzt, von der erstgenannten Sorte am besten Roastbeef, von der anderen Sorte Schweinelende oder -kamm. Für die Marinade werden nur Zwiebeln, Salz und Pfeffer benötigt. Und die Beilagen der fertigen Speise – Sie haben ja heute einige schon kennengelernt: entweder Bauernbrot und Rettichsalat oder Pellkartoffeln mit Butter, Salz und Pfeffer.«

Hochbeglückt vom Spießbraten, beeindruckt von der Stadtrunde, zufrieden mit dem ganzen langen Tag, ziehen wir heim ins Hotel. Noch ist das Abenteuer Idar-Oberstein nicht zu Ende. Was wird uns der Sonntag bescheren?

Finderglück im Fischbachtal

Am nächsten Morgen, Sonntag früh, geht es los in Richtung Algenrodt, vorbei an der Straßburg-Kaserne, quer durch die amerikanische Siedlung, bis hin zum Parkplatz am Steinkaulenberg. Wir wissen sehr genau, daß hier nichts mehr für uns zu holen ist, daß man das gesamte einstige Achat-Abbaugebiet mit seinen über dreißig Höhlen längst unter Naturschutz gestellt und ein Betreten der düster daliegenden Gänge aus Sicherheitsgründen untersagt hat. Wir wollen aber wenigstens einmal gesehen haben, wie dieser berühmte, in der Literatur häufig erwähnte Steinkaulenberg in natura aussieht. Ein kurzer Morgenspaziergang durch den Kiefernwald, direkt vorbei an den Höhlenzugängen, soll reichen. Aber wir denken auch: eine Viertelstunde Geschichtsunterricht hat noch niemandem geschadet.

Vollmersbach, *ein Steinbruch in Vollmersbach,* wenige Kilometer von Idar-Oberstein, ist unser Ziel für die nächsten Stunden. Sammlerfreunde daheim besitzen einige sehr schöne Calcitstufen von dort. Grund genug zu dem Versuch, mit ihnen gleichzuziehen.

Die Straße schlängelt sich durch stille Bergwälder. In den Kurven scheppert unser Handwerkszeug im Kofferraum. Plötzlich tauchen ein paar Gebäude auf, im Hintergrund der Szene ragt eine steile, zerrissene Wand empor, wir fahren hoch zum Steinbruch. Zwei abgestellte Autos verraten, daß wir nicht die ersten sind, an diesem Sonntagmorgen. Und kaum sind wir ausgestiegen, hört man schon aus näherer Entfernung die wohlvertrauten, rhythmischen Gesänge der Hämmer.

Das Gelände ist sehr unübersichtlich. Zuerst weiß man nicht, was tun. Doch nach fünfzehn, zwanzig Minuten des Absuchens ist die Situation geklärt: die Wände, an denen die Kollegenschaft da hinten werkelt, gibt nichts Nennenswertes, Lohnendes her – aber hier, gleich vorn, wo die bulligen Loader viel abgesprengtes Material zu mächtigen Haufen zusammengescharrt haben, blinzeln uns beachtenswerte, braun und gelb gezeichnete Calcit-Bomben entgegen, rundliche Brocken, aus denen sich bestimmt einige nette Stufen herausarbeiten lassen.

Wir sehen uns die Sache näher an. Calcit ist zwar nie die höchste Offenbarung, weil er weich und splitterig und wenig haltbar ist. Aber in diesem Falle, Vorkommen à la Vollmersbach, kann auch einmal das Farbliche, die perlmutterartige Ausbildung der Kristallflächen, den Ausschlag geben. Und ergo machen wir uns daran, einige der schweren Brocken freizustellen und eine Anzahl flacher Stücke abzuspalten. Das ist relativ einfach. Bei Ende der Aktion ist die Beutekiste im Kofferraum weit voller als zuvor, wir sind zufrieden. Die »Konkurrenz« daheim wird staunen . . .

Mit nördlichem, dann östlichem Kurs geht es um die elfte Stunde weiter ins benachbarte Fischbachtal, weithin gerühmt als eine Gegend, in der man bis in die fünfziger Jahre hinein prachtvolle Achatmandeln, Amethystdrusen und Calcite in ganz seltenen Erscheinungsformen gefunden hat. Wir haben uns nicht vorgenommen, wegen dieser Tatsache vorzeitig zu kapitulieren. Im Gegenteil, es treibt uns die kühne Hoffnung an, auch jetzt, in den siebziger Jahren, noch irgend etwas Schönes zu entdecken, vielleicht sogar mit einem wertvollen, mineralogisch wertvollen Fund nach Hause zurückkehren zu können.

Der Wagen erreicht die landschaftlich reizvolle Ecke um Herrstein, rollt in die hügelige, hübsche Ortschaft Niederwörresbach, passiert eine leicht ansteigende Schlangenkurve – und genau in diesen Sekunden sehen wir rechts, in einem Schaufenster, den rotbraunen Kranz einer riesenhaften ovalen, querliegenden Druse stehen! Grund genug, um sofort anzuhalten, das Fahrzeug auf der anderen Straßenseite, neben einem gelben Telefonkiosk, zu parken und das Superding in der Auslage näher zu betrachten. Es ist eine phantastische Calcit-Druse, mit weit ausgreifender Höhlung, etwa 60 cm in der Breite und 35 cm in der Höhe, wandständig dicht besetzt mit zahllosen, teilweise fingerdicken Stabkristallen. Die oxidverfärbten, hellrot bis rostbraun getönten Kristalle sind als kompakte, dicht bei dicht sitzende Gruppen angeordnet, vielfach nach der leeren Höhlung der Druse hin fächerartig auslaufend. An einigen Schadensstellen erkennt man deutlich den silbrig-weißen Perlmutterglanz der originalen, noch nicht rotbraun überlagerten Kristalle. Und wenn man das wunderbare Schaustück von der Seite betrachtet, zeigt sich ein bräunlich-grüner Mantel, der auf eine Fundstelle im Melaphyr schließen läßt.

Wir sind natürlich von der unerwarteten, kurzen Sonderschau hellauf begeistert, sehen uns schon selbst an einem derartigen Wunderwerk der Natur arbeiten, lassen aber die Träume nicht zu hoch fliegen. Fünf Minuten später sitzen wir im nahen Hotel Café Götz, diskutieren mit Frau Wirtin unsere Aussichten, gleichen Tages noch zwischen Niederwörresbach und Fischbach etwas Schönes zu finden – und wieder stellt sich vom Nachbartisch her eine willkommene Hilfe ein: »Sie brauchen nur am Bach entlang zu gehen«, sagt ein schon betagter, freundlich dreinblickender Herr, »also in Richtung auf die Steinbrüche Bernhardt und Juchem, dann kommen Sie nach einigen hundert Metern an eine Stelle, wo neben dem Bachbett die letzten Reste einer ehemaligen Schleife herumliegen. Dort machen Sie tüchtig und tapfer viele Kniebeugen, und ich garantiere, Sie finden allerhand!«

Frau Wirtin sichert uns noch hochherzig zu, für den Fall des Längerbleibens die Quartierfrage zu lösen und dann auch telefonische Fäden zu spinnen, damit wir am Montagmorgen einen oder zwei der in der Fachwelt so geschätzten *Niederwörresbacher Edelsteinschleifereien* besuchen und besichtigen können. Alles klar, man hat gut gegessen, gut getrunken, man hat einen goldenen Geheimtip bekommen – es kann losgehen, Richtung Fischbach!

Bei Sonnenschein und begleitendem Flötenkonzert der anwohnenden Dompfaffen marschieren wir hinunter zu den Bachwiesen. Die vorsorglich angezogenen Gummistiefel erweisen sich als nützlich, denn das Gelände hier ist etwas feucht. Linksseitig des Baches geht es gut voran. Und da die Rucksäcke vorerst nur wenig an Bord haben, lediglich das wichtigste Handwerkszeug, ist es ein friedlicher Spaziergang. Etwa fünfzehn Minuten sind vergangen, da tauchen am Ufer einige große Büsche, ein paar Bäume auf, und bei genauerem Hinsehen stellt sich heraus, daß wir am angegebenen Platz sind: Reste von Holzbalken, vom Rost angefressene Metallstücke und ähnliche Überbleibsel künden von der leergebrannten Stätte einer ehemaligen Schleiferei. Was hatte der Mann bei Götzens gesagt? Tüchtig und tapfer viele Kniebeugen machen . . .?

Wir gehen hin und her, stoßen mit den Stiefelspitzen den weichen Boden auf, suchen auch direkt am Bach – und plötzlich ist sonnenklar, was der freundliche Mitmensch beim Mittagessen gemeint hatte: Überzeugt davon, daß wir noch in den Babyschuhen des Mineraliensammelns stecken würden, dankbar für jedes schmucke Steinlein, gleich welcher Art, hatte uns der Herr Tischnachbar an diesen Ort geschickt, woselbst im lehmigen, wäßrigen Erdreich Hunderte von Abfallstücken ruhen! Abfall, Ausschuß, taubes und müdes Zeug, Schnittreste und so, was macht das schon aus? Das macht überhaupt nichts aus, wenn man bedenkt, wie viele Sammler tatsächlich noch ganz am Anfang stehen, die sich über alles und jedes freuen.

Ohnehin gibt es gar keinen Grund, sich über den gutgemeinten Tip des schon betagten Herrn in Niederwörresbach zu mokieren: das »Fördergut«, wie wir es da mit bloßen Händen aus der schlammigen Erde herausfingern, besteht immerhin aus Resten von graublauem Achat, Reliquien von Tigerauge, Amethyst-Spitzen, rotbraunem Jaspis und derlei mehr. Ein Kleinmaterial, das gewiß nicht zu verachten ist, mit dem manche Anfängersammlung aufgestockt werden kann. So und nicht anders denkend, verladen wir rucksackwärts einige gute Pfunde, sagen der historischen Stätte lebewohl und ziehen weiter, zu den schon erwähnten Steinbrüchen.

Es dauert keine fünf Minuten, da öffnet sich vor uns die Welt, wie wir sie lieben: Die Höhen beiderseits der Straße tragen riesenhafte Abbauterrassen. Die wenigen Transportwege verlaufen in engen Bögen und Zickzack-Kursen. Die Farben in dem von Menschen und Maschinen total veränderten Naturbild spielen in Tönen von giftigem Grün bis zu stumpfem Grau, von lichtem Khaki-Braun bis zu gespenstischem Blauschwarz. Der normale Stadtmensch, der sich einem solchen landschaftlichen Ungeheuer nähert, kann Angst bekommen. Aber der nicht normale Stadtmensch, im Volksmund »Steineklopfer« genannt, bekommt keine Angst, weil er sich längst in der Materie auskennt.

Nun also befinden wir uns in den weltweit bekannten, überall und immer erwähnten *Steinbrüchen* der benachbarten Unternehmen *Bernhardt* und *F. L. Juchem & Söhne*. Der sagenhafte Ruhm dieser beiden, unmittelbar einander angrenzenden Steinbrüche gründet auf der Tatsache, daß hier im Laufe vieler Jahrzehnte eine große Anzahl mineralogisch bedeutsamer Funde gelungen ist. Es handelt sich um ein reiches Vorkommen von Amethyst, Achat, Calcit und vielen weiteren Begleitmineralien. Die vulkanisch entstandenen, turmhohen Gesteinsverbände bergen also im besten Sinne des Wortes »Schätze«, von denen man träumt – auch heute noch, da sich die betriebstechnischen Verhältnisse in dem Revier wesentlich verändert haben, der Abbau auf tieferen Touren läuft und die den Sammlern so liebwerten Sprengungen weit seltener sind als früher.

Wir steigen von der Chaussee her zu einem der mächtigen Terrassengebilde auf, sehen weit und breit keine Menschenseele und nahen uns zuversichtlich den obersten Plateaus der Anlage. Rechter Hand erhebt sich jetzt ein kleinerer, allein dastehender Bergkegel, und das Gelände auf der linken Seite ist ein wechselndes Nebeneinander, Übereinander von flach gewalzten Arbeits- und Verladeplätzen, gefährlich drohenden Steilwänden und weniger gefährlichen, sanft abfallenden Geröllhängen. Mitten in dieser prachtvollen Gesteinswelt, von niemandem behelligt und mit heimlicher Hoffnung in den Herzen, gehen wir noch ein Stück, erklären einen abgeflachten Steinriesen zum Stützpunkt, nehmen das Werkzeug aus den Rucksäcken und gehen an die Sonntagsarbeit. Ob uns die Wettergötter gnädig bleiben?

Wie gewohnt, wird von Anfang an in zwei Gruppen operiert, um die Entdeckungs- und Fundchancen zu verdoppeln. Die eine Partie wird heute auf die Geröllhänge angesetzt, die andere Partie auf eine ganz bestimmte Terrassenwand, an der wir schon aus sechzig, achtzig Metern Entfernung helle, kugelige Flecken wahrgenommen haben. Etwa Achatmandeln? Oder gar dickere Drusen, mit Amethyst, Calcit und so . . .?

Eine halbe Stunde passiert nichts, überhaupt nichts. Die hellen Flecken haben sich schnell als Nonsens erwiesen, als verbliebene Abzeichnungen von ausgebauten Achatmandeln. Aber dann geschieht, worauf wir nur gewartet haben: von unten her, von der Sohle einer dieser gefährlich drohenden Steilwände, ertönt ein Freudenruf, gleich darauf der übliche Pfiff, der für die ganze Mannschaft Alarm bedeutet! Wir treffen uns am fraglichen Platz und staunen nicht schlecht, denn zu Füßen des stolzen Herrn Finders liegen erstens zwei Handvoll schöner dunkelblauer Amethystspitzen, zweitens mehrere, genau genommen vier Brocken in der Form von runden Bauernbroten, die nach allergrößter Wahrscheinlichkeit Calcit enthalten! Keine Sensationen, aber ein stattliches Ergebnis nach relativ geringer Anstrengung. Eines der »Bauernbrote« wird aufgeschlagen, die aufgestellte Theorie war richtig, die rundlichen Gebilde enthalten Calcit, einen Calcit von schwacher weißlicher Farbe. Da aber die Erfahrung gelehrt hat, daß man derartige Stücke erst einmal nach Hause mitnehmen und dort prüfen soll – wegen gelegentlicher, farbvitaler Verstärkungen, die ein Schneiden und Polieren rechtfertigen –, werden die noch heil gebliebenen Fundstücke zum Abtransport bereitgelegt. Und die schönen Amethystspitzen? Ob es nicht noch mehr davon gibt, hier vor der Wand und drüben im Geröllhang? Die Sache muß geklärt werden, gemeinsam.

Erfolg der gemeinschaftlichen Suchaktion? Fortuna meint es gut mit uns: Es müssen wohl Dutzende, mehrere Dutzende von schweren und schwersten Gesteinsbomben zur Seite geräumt werden, um an das zerschlagene kleinere Material heranzukommen. Aber zuguterletzt haben wir eine ganze Menge Amethyst beisammen, auch einige schalige Teile von Drusen, in denen reichlich Kristalle ansitzen. Das ist eine brave, ordentliche Sonntagsbeute, ein Finderglück, mit dem man sich zufriedengeben soll.

Bei den Edelsteinschleifern

Wir sind noch über Nacht geblieben. Kein zeitliches, berufliches Problem, denn vorsorglich hatten wir für Montag Urlaub genommen. Und jetzt, nach dem erlebnisreichen Sonntag, nach dem Tiefschlaf in der Obhut von Frau Wirtin – was geschieht in den letzten Stunden unserer Studienfahrt? Wir sind freundlichst eingeladen worden, in zwei bekannten Edelsteinschleifereien am Ort nach Herzenslust zu »kiebitzen«. Also geht es gleich nach dem Frühstück los:

Besuch in der Edelsteinschleiferei Kreis

Station 1 der Besuchsrunde liegt in der Oberen Dorfstraße von Niederwörresbach. Vorne erst ein ganz normales, wenn auch sehr gepflegtes, hübsches Wohnhaus. Dann zur Linken eine Zufahrt, die Öffnung zu zwei Höfen, und wir stehen vor der Tür des Werkstattgebäudes, über der ein farbenfrohes Schild den Namen des Betriebes nennt: »Kreis«. Es ist die Edelsteinschleiferei von Werner Kreis, einem Meister seines Fachs, der im Verein mit seiner Frau und einem hochqualifizierten Mitarbeiterstab schafft und schafft.

Kaum eingetreten, sehen wir schon, was da alles in emsiger Feinarbeit geschnitten, geschliffen, poliert und fixfertig hergerichtet wird: Kettenglieder, Kugeln und Cabochons. Ringsteine und Rollen, Balken und Würfel. Also ein variantenreiches, kleineres Material, das letztlich in Form von Modeschmuck und anders gearteten, ansprechenden Objekten unter die Leute kommt. Die benutzten Mineralien – überall im Werkstattbau noch in roher, derber Fasson zu sehen –, bieten ein vielfarbiges Prisma der irdischen Reichtümer: tiefblauer Sodalith, Jade und Nephrit, die rötlichen Vertreter Rhodochrosit und Rhodonit, natürlich auch Amethyst und Achat, Rosaquarz und Tigerauge, nicht vergessen Epidot, Aventurin und Amazonit. Manchmal liegt bei Vater Kreis ein solcher Rohbrocken auf der Erde, greifbar nahe, und zage zuckt es in den Fingerspitzen des Besuchers, um das gute Stück für einen kurzen Augenblick ans Herz zu drücken. Jederart von Emotion wird aber streng gezügelt, ein Gast hat sich mit bescheidener Betrachtung zu begnügen.

Beim Edelsteinschleifermeister Kunz

Station 2 unserer Runde ist ein weißes, wunderschönes Haus an einer hoch hinaufführenden Villenstraße, die den Namen trägt: »Im Wingert«. Das Haus Nummer 11 ist die private Wohnstatt und die berufliche Wirkungsstätte des Edelsteinschleifermeisters Ortwin Kunz, eines renommierten Könners so wie Werner Kreis. Er empfängt uns in ebenso freundlicher Weise und geht uns voran, Raum nach Raum. Als die neugierigen Blicke ein kleineres Nebengelaß anzielen, wo einige Kisten mit Rohmaterialien abgestellt sind, sagt der Meister etwas kleinlaut: »Sie haben keine Ahnung, wie teuer diese Einkäufe aus Übersee sind. Wir müssen uns schwer 'ranhalten, um die Fertigung darauf abzustimmen, wirklich ökonomisch zu arbeiten.« Das leuchtet ein. Die Werkstatt mit den Schleifscheiben und den ergänzenden, anderen Geräten, mit langer Fensterfront zum Freien hin, mutet sachlich und nüchtern an, konzentriert auf das Wesentliche einer so diffizilen Tätigkeit. Und Ortwin Kunz ist deshalb auch so klug und weise, uns nicht mit technischen Erklärungen zu füttern. Er macht statt dessen den Vorschlag, einen Teil seiner Endprodukte zu zeigen, und führt uns in sein büroähnliches, ganz und gar nicht pompöses Verkaufszimmer. Da steht ein stabiler Schreibtisch, stehen zwei Stühle, und alles andere verbirgt sich in den wenigen Wandschränken, deren Schubfächerzahl allerdings auf eine üppige Offerte schließen läßt.

Der Hausherr bittet, Platz zu nehmen, schiebt einige Aktenstapel an die Kanten des Schreibtisches und zieht ein erstes Fach aus der Schrankschatzkammer. Eine faszinierende, kleine Musterschau: dicht bei dicht, in schmalen Bahnen nebeneinander, liegen Ketten mit kräftig blauen Amethystkugeln und ebensolche Schwestern mit Rhodochrositkugeln in zarten rosaroten Tönungen. Eine zauberhafte Kontrastwirkung. Wir sprechen mit Ortwin Kunz über den Unterschied zwischen Normal- und Überlängen solcher Ketten, über das mechanische Verfahren der Lochbohrung, das Aufziehen der vorher größenmäßig sortierten Kugeln und derlei handwerkliche Fragen mehr. Wir dürfen noch etliche Fächer mit fertiger Ware bestaunen. Und kurz vor dem Abschied lernen wir noch eine besondere, individuelle Schöpfung des Meisters kennen: ein paar zierliche, etwa markstückgroße, zart schimmernde Herzen, gefertigt aus lupenreinem Bergkristall, Arbeiten der allerhöchsten Perfektion. Bedacht mit einigen kleinen Aufmerksamkeiten verlassen wir das Haus Im Wingert 11 und wandern zurück ins Hotel.

Eine gelungene Überraschung: Wer sitzt da und wartet schon auf uns? Der Herr Tischnachbar von Sonntagmittag. »Na – etwas gefunden gestern?« fragt er mit der Miene eines Till Eulenspiegel. Wir berichten der Wahrheit gemäß und sagen Dank, wie es halbwegs braven Mineraliensammlern gebührt. Willig siedelt der Nachbar an unseren Tisch über, wir kommen ins Erzählen. Als einer von uns das Stichwort »Färben von Achaten« ins Gespräch bringt, sagt der ehrenwerte Niederwörresbacher Freund: »Ja, diese Sache mit dem Färben der Achate ist hier bei uns eine Art *Geheimwissenschaft*. Wie man's macht, im allgemeinen, mit Hilfe dieser Säure oder jener Lösung, immer ganz genau abgestimmt auf die verschiedenen ›Lagen‹ der Achate – das ist allbekannt und seit langem schon kein Rätsel mehr. Aber die einzelnen, speziellen Verfahren, bei denen die tollsten und herrlichsten Wirkungen erzielt werden, nicht zu vergleichen mit den üblichen, gewohnten Angeboten – diese Verfahren werden in den alten Familienbetrieben streng geheimgehalten, da kommt kein einziger Schlaufuchs von außen heran! Meist hat der Vater dem Sohn diese hausgemachten Rezepte weitergegeben, und ein leichtfertiges Ausplaudern ist ein Ding der Unmöglichkeit. Sie verstehen das?«

Wir verstehen sehr gut und haben wieder zugelernt.

Als der frühe Nachmittag anbricht, heißt es, auf Wiedersehen zu sagen. Der Wagen rollt in Richtung Fischbach, passiert noch einmal die riesigen Steinbruchpyramiden, ordnet sich auf die B 41 ein. Eine kurze Visite bei den Stadtvätern soll die Reise beschließen. Wir wollen zur Erinnerung ein paar Prospekte, einen Stadtplan und derlei Dinge mitnehmen, so sie zu haben sind.

Stopp an der Ecke Göttenbachstraße. Via Hinterhof kommen wir ins Stadthaus, fragen nach der *Dienststelle für Öffentlichkeitsarbeit*. Alles läuft nach Wunsch, das erbetene Material wechselt die Besitzer. Schließlich, bevor man sich wieder trennen muß, wartet das betreuende Trio mit einer netten Abschiedsgabe auf: Der Herr mit dem beziehungsreichen Namen Helfenstein und die Kollegenschaft aus dem Nebenzimmer, Frau Müller und

Herr Fillmann, schütten auf dem Tisch ein Füllhorn aus, in Gestalt eines Plastikbeutels mit Autoschlüssel-Anhängern – Stück für Stück mit geschliffener Edelware, made in Idar-Oberstein. Jeder erhält ein solches Geschenk, frei nach der Wahl, und allesamt treffen wir die gleiche Entscheidung: Moosachate, grün und grau und gelblich schimmernd, wunderbar.

Wir denken oft und gern zurück an das Erleben dieser Tage.

Pyramidenkristall von blauviolettem Amethyst, Höhe bei 14 cm, Gewicht 1650 g. Otjiwarongo, Südwestafrika.

Literatur für Sammler

Prof. Dr. K. v. Bülow: »Geologie für Jedermann« – Kosmos, Gesellschaft der Naturfreunde, Franckh'sche Verlagshandlung / Stuttgart

Ludwig Fruth: »Mineralfundstellen – Tirol, Salzburg, Südtirol« – Christian Weise Verlag / München

Hein Gaertner: »Achate – Steinerne Wunder der Natur« – Alles + Brillant Fachverlag / Friedrichsdorf, Taunus

Klaus Henning Georgi: »Kreislauf der Gesteine« – Rowohlt, rororo tele / Hamburg

Alex Kipfer: »Der Micromounter – So sammelt man erfolgreich Kleinmineralien« – Ott Verlag / Thun und München

Karl Krüger: »Das Reich der Mineralien und Gesteine« – Safari-Verlag / Berlin

Prof. Dr. J. Ladurner, Prof. Dr. F. Purtscheller: »Das große Mineralienbuch« – Pinguin Verlag Innsbruck, Umschau Verlag Frankfurt am Main

Dr. Werner Lieber: »Bunte Welt der schönen Steine« – Kosmos / Stuttgart. »Der Mineraliensammler« – Ott Verlag Thun und München / Neuauflage. »Mineralogie in Stichworten« – Verlag Ferdinand Hirt / Kiel

Prof. Dr. Franz Lotze: »Geologie« – Sammlung Göschen, Walter de Gruyter & Co. / Berlin

Hans Lüschen: »Die Namen der Steine« – Ott Verlag Thun und München

Vincenzo de Michele: »Kristalle« – Südwest Verlag München

Prof. Dr. K. Schloßmacher: »Edelsteine und Perlen« – E. Schweizerbart'sche Verlagsbuchhandlung (Nägele u. Obermiller) Stuttgart

Prof. Dr. Walter Schumann: »Steine + Mineralien« – BLV München, Bern, Wien

Siegfried H. Zimmer: »Mineralogisches Wörterbuch« – Verlag Studiengemeinschaft Kamprath / Darmstadt

Register

Die kursiv gesetzten Seitenangaben beziehen sich auf die Farbabbildungen.

humboldt-taschenbücher (in Klammern die Bandnummer)